MONIKA BÜCKEN-SCHAAL

Hüpfen, legen, tasten, schmecken –
MANDALAS
GANZ NEU ENTDECKEN

Gerne nehmen wir Ihre Anregungen, Wünsche, Kritik oder Fragen entgegen:
Don Bosco Medien GmbH, Sieboldstraße 11, 81669 München
anregungen@donbosco-medien.de
Servicetelefon: (0 89) 4 80 08-3 41

Bibliografische Information der Deutschen Nationalbibliothek

Die Deutsche Nationalbibliothek verzeichnet diese Publikation in der Deutschen Nationalbibliografie; detaillierte bibliografische Daten sind im Internet über http://dnb.d-nb.de abrufbar.

1. Auflage 2015 / ISBN 978-3-7698-2177-2
© 2015 Don Bosco Medien GmbH, München
www.donbosco-medien.de
Umschlaggestaltung und Layout: ReclameBüro München
Fotos: Heiner Schaal
Illustrationen: Jorina Hinrichs
Satz: Don Bosco Medien GmbH, München
Druck: Don Bosco Druck & Design, Ensdorf

Gedruckt auf umweltfreundlichem Papier

Inhalt

Vorwort ... 7

Mandalas mit allen Sinnen erleben ... 9
Herkunft und Bedeutung von Mandalas ... 10
Hinführung der Kinder an die Arbeit mit Mandalas ... 10
Ganzheitliche Förderung durch Mandala-Spiele ... 14
Umsetzungsmöglichkeiten in der Kindertageseinrichtung ... 16
Mandala-Materialien ... 20

Mandalas mit hohem Bewegungsanteil ... 22
Mandalas mit dem eigenen Körper ... 23
Turn-Mandalas mit Spielmaterial ... 25
Wald- und Wiesen-Mandalas ... 31
Singspiel-Mandalas nach bekannten Melodien ... 35
Bewegungsmandala mit dem Schwungtuch ... 42

Kleine Lege-Mandalas ... 45
Unterlagen für Lege-Mandalas ... 46
Materialien für Lege-Mandalas ... 50
Einfarbige Mandalas und Zwillings-Mandalas ... 54
Mandala-Spielteppich ... 57

Mandalas zum Tasten, Riechen, Schmecken — 59

Mandalas zum Tasten — 60
Mandalas zum Riechen und Schmecken — 62

Geschichten-Mandalas — 68

Sternennacht im Herbst / Winter — 69
Ein Tag voller Sonnenschein — 71
Sankt Martin — 74
Eichhörnchen auf Futtersuche — 77
Am Meer — 80

Klingende Mandalas — 85

Mandalas mit Klanginstrumenten — 86
Mandalas mit Wassergläsern — 89

Dank — 92
Autorin — 93

VORWORT

BEI DEM WORT „MANDALA" fallen vielen ErzieherInnen spontan Mandalas zum Ausmalen ein. Diese sind in den meisten Kindertagesstätten reichlich vorhanden und sie spalten nicht selten das Mitarbeiterteam. Manche KollegInnen setzen die Vorlagen gerne ein und sehen in ihnen eine schöne und sinnvolle Beschäftigung für die Kinder. Andere stehen den Ausmal-Mandalas skeptisch gegenüber oder lehnen sie gar kategorisch ab. Diese Skepsis kann ich gut verstehen! Die Vorlagen, die es da auszumalen gilt, haben mit den Mandalas, welche mit allen Sinnen erlebt werden können, nur wenig zu tun. Mit den Ideen aus diesem Buch gewinnen Sie vielleicht einen völlig neuen Zugang zur Arbeit mit Mandalas. Mandalas ganzheitlich wahrzunehmen und zu erleben, animiert im Gegensatz zum reinen Ausmalen zu kreativem Tun und hat eine ausgleichende Wirkung. Das oberste Ziel bei all diesen Spielen ist für mich die Freude, mit der die Kinder bei der Sache sind. Darüber hinaus will ich innere Ausgeglichenheit und Konzentration fördern. Dies ist

VORWORT

bereits bei Zweijährigen möglich ebenso wie mit größeren Kindern. Sind die Kinder mit Freude dabei, geht es ihnen gut und sie lernen fast nebenbei.

Es ist mir bei meiner Arbeit wichtig, zu Beginn eines Spieles oder einer Geschichte die Aufmerksamkeit der Kinder zu gewinnen, so dass sie hellwach und aufnahmebereit sind. Nur dann können wir Kinder tatsächlich fördern, nur so werden wir ihnen gerecht. Manchmal ist es bereits ausreichend, die Kinder mit geheimnisvoller Stimme anzusprechen. Wenn zusätzlich zu Beginn der Geschichte eine Figur unter einem Tuch versteckt ist, die zu erraten ist, dann sind Spannung und Motivation bei den Kindern greifbar.

In diesem Buch können Sie in der Fülle verschiedenartiger Mandalas – mal mit hohem Bewegungsanteil, mal als stille Legearbeit, mal zum Tasten, Riechen und Schmecken, mal als Geschichten-Mandala oder aber in Form eines Klang-Mandalas – viel Neues entdecken und für sich weiterentwickeln. Vielleicht probieren Sie es einfach aus und stellen dann fest, was für eine beruhigende Wirkung das Erleben von Mandalas mit dem ihnen zugrunde liegenden Ordnungsprinzip hat. Ich wünsche Ihnen viel Freude dabei.

Monika Bücken-Schaal

MANDALAS
mit allen Sinnen erleben

Herkunft und Bedeutung von Mandalas

MANDALAS (MANDALA – ALTINDISCH: KREIS) haben eine jahrhundertealte Tradition. In fernöstlichen Kulturen fanden Mandalas als Meditationsobjekte weite Verbreitung. Es sind geometrisch angelegte Bilder, die auf eine Mitte hin ausgerichtet sind. Nach C.G. Jung (Carl Gustav Jung, Schweizer Psychiater und der Begründer der analytischen Psychologie) ist das Mandala die Abbildung eines seelischen Zentrierungsvorgangs. Wir können das so verstehen, dass uns die Schaffung einer äußeren Ordnung hilft, auch innerlich zur Ordnung, d.h. zur Ruhe zu kommen. Das ist gleichsam das Geheimnis der Mandalas.

Wenn ich in diesem Buch vielfältige Möglichkeiten vorstelle, Mandalas mit allen Sinnen zu erleben, so tue ich dies unabhängig von ihrem religiösen Ursprung. Mir geht es darum, den Kindern Möglichkeiten zu eröffnen, mit Freude in ihrem Tun zu versinken und zu innerer Ruhe und Ausgeglichenheit zu finden. Dies wiederum erleichtert es auch den Erzieher_innen, im lebhaften Kindergarten-Alltag etwas aufzuatmen.

Hinführung der Kinder an die Arbeit mit Mandalas

ICH HABE IN ZAHLREICHEN GRUPPEN die Erfahrung gesammelt, dass das Gestalten und Erleben von Mandalas mit allen Sinnen kleine wie große Kinder (und auch Erwachsene) sehr anspricht. Mir ist dabei immer wieder aufgefallen, wie aufmerksam die Kinder bei der Sache sind und mit welcher Ruhe sie dieser Beschäftigung nachgehen. Dies hat mich darin bestärkt, weitere Mandala-Spiele zu entwickeln und sie mit Kindern, Familien und pädagogischen Mitarbeiter_

Hinführung der Kinder an die Arbeit mit Mandalas

innen zu erleben. Wenn ich jüngere oder Mandala-ungeübte Kinder an diese Spiele heranführe, ist für mich *ihre* „Ordnung" wichtiger als *meine* ursprünglich beabsichtigte. Ich „verbessere" also die Kinder zunächst einmal nicht. Denn es hat sich gezeigt, dass sie mit fortschreitendem Entwicklungsstand und mit der Wiederholung von Mandala-Spielen die zugrunde liegenden Ordnungen immer besser nachempfinden und legen können. Lassen Sie den Kindern also ruhig Zeit. Aber auch in dieser anfänglichen „Übungsphase" tauchen die Kinder ganz konzentriert in ihre Tätigkeit ein, das ist das Wesentliche für mich.

Hüpfen – Bewegungsmandalas

Um Kinder an Mandalas heranzuführen, beginne ich stets mit solchen, die einen hohen Bewegungsanteil haben und damit am starken Bewegungsbedürfnis der Kinder ansetzen. Sie können ihren Bewegungsdrang ausleben, wenn im Rahmen von Turnmandalas gelaufen, gehüpft, getrippelt und geschlichen wird. In das Mandala-Spiel eingebunden, beruhigt sich der Bewegungsablauf gegen Ende

Bewegungsmandalas als Vorbereitung auf Legearbeiten

zunehmend (siehe *Mandalas mit hohem Bewegungsanteil*, Seite 22). So achte ich auch generell darauf, dass *jedes* Mandala-Spiel in Ruhe endet.

Die großflächigen Bewegungsmandalas helfen den Kindern, die zugrunde liegende Ordnung zu erkennen. Durch ihre eigenen Aktionen wird diese be-greifbar und nachvollziehbar. Damit lernen die Kinder spielerisch, die Mandalas im weiteren Schritt auf kleinere Legearbeiten zu übertragen.

Legen – Lege-Mandalas

Auf den Bewegungsmandalas aufbauend, eignen sich kleine Lege-Mandalas mit unterschiedlichen Materialien wie Naturschätze, Glasnuggets u. Ä. (siehe Lege-Mandalas, Seite 45). In dieser Phase können die Kinder verschiedene Muster ausprobieren, Dinge hin- und herschieben und Musterveränderungen im Bild beobachten.

Ist den Kindern das Legen dieser Mandalas prinzipiell vertraut, biete ich ihnen Lege-Mandalas mit Dingen zum Tasten, Riechen und Schmecken an. Speziell beim Legen von Obst- oder Rohkostmandalas für das gemeinsame Frühstück ist es wichtig, dass wir den Kindern bewusst machen, dass es sich bei den „Legeteilen" um Lebensmittel handelt, damit sie mit den Obst- und Gemüsestücken nicht „spielen", sondern sie achtsam auf den vorbereiteten Mustern ablegen.

Zuhören – Geschichten-Mandalas

Sowohl bei den Geschichten-Mandalas als auch bei den Klang-Mandalas wird in besonderem Maße die Fähigkeit der Kinder zum Zuhören und Lauschen angesprochen. Geschichten-Mandalas können schon frühzeitig mit Kindergruppen durchgeführt werden. Die Kinder werden von der Geschichte in den Bann gezogen und das Mandala entsteht während des Erzählens. Sie ahmen die Handlun-

Hinführung der Kinder an die Arbeit mit Mandalas

gen des Erzählenden beim Ablegen der bereitgestellten Materialien in einem Bodenbild nach. Je jünger die Kinder oder je unerfahrener sie mit der Gestaltung von Mandalas sind, desto wichtiger ist es, das kreisrunde Bodenbild einfach zu gestalten, beispielsweise dadurch, dass nicht zu viele unterschiedliche Materialien angeboten werden oder nur eine kurze Geschichte ausgewählt wird. Mit zunehmender Erfahrung der Kinder kann man dann komplexere Legebilder entwickeln. Auch hier gilt wieder: Die Kinder werden die erzählte Geschichte durch die begleitende Legearbeit viel intensiver be-greifen.

Bodenbild zum Geschichten-Mandala „Am Meer" (Seite 80)

Lauschen – Klang-Mandalas

Klänge sprechen Kinder jeglichen Alters auf eine ganz besondere Weise an. Die Kinder lieben es, Instrumente auszuprobieren und ihnen Töne zu entlocken. Lässt man ihnen für diese Experimentierphase Raum, so kann man anschließend mit ihnen Klang-Mandalas stellen. Selbst mit einfachen Gläsern, mit oder ohne Wasser, lassen sich schöne Klang-Mandalas aufbauen.

Ganzheitliche Förderung durch Mandala-Spiele

MEIN ANSATZ, MANDALAS ERLEBBAR ZU MACHEN, ist ein ganzheitlicher. Die Förderung der Kinder ist daher sehr umfassend. Es seien hier nur einige wesentliche Förderziele genannt:

→ Das Wichtigste für mich ist stets, dass die Kinder, wenn sie die unterschiedlichen Mandalas kennenlernen, **mit Freude** bei der Sache sind. Wir wissen heute, dass sich die Freude des Kindes (und aller Menschen) bei seinem Spiel wie ein Motor für kreatives und nachhaltiges Lernen auswirkt.

→ Damit verbunden ist für mich das Ziel, dass die Kinder so in ihrem Tun versinken können, dass sie dabei zu **innerer Ausgeglichenheit** gelangen.

→ Die Ruhe ist nicht nur die Voraussetzung für eine hohe **Konzentration,** im Zur-Ruhe-Kommen schöpfen die Kinder neue Kraft und werden wieder aufnahmebereit und lernfähig.

→ Weiterhin wird der große Bereich der **Wahrnehmung** vielfältig gefördert. Die Wahrnehmung unserer Umwelt erfolgt über unsere **Sinne**. Dazu gehören das Sehen (visuelle Wahrnehmung), das Hören (auditive Wahrnehmung), der Gleichgewichtssinn (vestibuläre Wahrnehmung), die Bewegung (kinästhetische Wahrnehmung), das Tasten (taktile Wahrnehmung), das Riechen (olfaktorische Wahrnehmung) und das Schmecken (gustatorische Wahrnehmung).

Ganzheitliche Förderung durch Mandala-Spiele

Im Alltag setzen wir in unserem Kulturkreis am häufigsten unsere sogenannten Fern-Sinne ein – dazu zählen das Sehen und das Hören –, mit denen wir selbst ein weit entferntes Geschehen wahrnehmen können. In unserer schnelllebigen Zeit nehmen diese Sinne besonders viele Reize auf, wie beispielsweise schnell wechselnde Bildfolgen in unterschiedlichen Medien, Blinklichter, Piep-Geräusche und Melodien von elektronischen Datenträgern. Dagegen werden unsere Nah-Sinne (alle übrigen) im Alltag eher vernachlässigt und daher entsprechend wenig geschult. Hier können wir auf unterschiedliche Weise ansetzen. So sind in diesem Buch Ideen für fröhliche Bewegungsspiele auf Mandala-Basis aufgeführt, die die Fein- und Grobmotorik sowie den Gleichgewichtssinn der Kinder auf beschwingte Art fördern. Des Weiteren gibt es neue Geschichten- und Klang-Mandalas, die u. A. zum Lauschen *leiser* Töne animieren. Das Hantieren mit Naturschätzen wie Tannenzweigen, Moos, gereinigter Schafwolle, Schalen von (Bio-)Mandarinen oder Apfelsinen sensibilisiert die taktile Wahrnehmung und lädt gleichzeitig zum Schnuppern ein.

→ Auch das mathematische Verständnis wird beim Gestalten und Erleben eines jeden Mandalas geschult. Wieviele Glasnuggets brauchen die Kinder z. B. von der einen, wieviele von der anderen Farbe? Auf spielerische Art erleben die Kinder kleine und größere Mengen, es wird gezählt und verglichen – eine prima Voraussetzung für die Grundschule.

→ Nicht zuletzt fördern Mandala-Spiele in besonderem Maße die **passive und aktive Sprache**. So können die Kinder Geschichten und Klängen lauschen, die anschließend in Aktionen umgesetzt werden. Lieder der Singspiel-Mandalas werden gesungen, geklatscht und gehüpft. Bei den Bewegungsmandalas können wir gemeinsam Aufgaben überlegen (und stets sprachlich begleiten), die es unterstützen, Präpositionen, Farben, Materialbeschaffenheit usw. zu be-greifen.

→ Viele kleine Legemandalas biete ich wahlweise als Einzel- oder Kleingruppenbeschäftigung an. Sobald einige Kinder gemeinsam ein Mandala erstellen wollen, ist ihre Absprache untereinander wichtig: „Welches Material, welche Muster wollen wir legen? Wer wählt den Mittelpunkt des Mandalas aus?" Auf diese Weise fördern die unterschiedlichen Mandalas auch spielerisch das **Sozialverhalten** der Kinder.

Umsetzungsmöglichkeiten in der Kindertageseinrichtung

Im Bewegungsraum

Die Mandalas mit hohem Bewegungsanteil sind gut in eine Turnstunde zu integrieren. Es empfiehlt sich insbesondere bei den ersten Malen, dass die Bewegungsmandalas bereits vorbereitet sind, wenn die Kinder in den Raum kommen. Ist dies aus organisatorischen Dingen nicht möglich, können Sie vorab kleine bunte Klebe-Punkte auf dem Boden markieren, als erstes die Kreismitte und anschließend (in Abständen) eine gedachte Kreislinie um die Mitte herum. Mit Mittelpunkt und Kreis haben Sie bereits die wesentlichen Orientierungsmerkmale eines Mandalas definiert.

Nach dieser geringen Vorarbeit können Sie nun die Kinder beim Aufbau des

Bewegungsmandalas mit einbeziehen, indem sie sie anhalten, z. B. auf jeden Klebe-Punkt entsprechend der Kinderzahl eine Teppichfliese zu legen. Anschließend können weitere Elemente, z. B. strahlenförmig vom Mittelpunkt aus hin zur Kreislinie, eingebaut werden (siehe Seite 26 und 29). Bleiben die Markierungen über einen längeren Zeitraum im Turnraum am Boden kleben, können Sie mit den Kindern auch spontan Bewegungsmandalas anordnen und durchführen.

Im Stuhl- oder Kissenkreis

Für den Stuhlkreis eignen sich besonders die Geschichten-Mandalas. Sie ziehen kleine wie große Kinder (und auch Erwachsene) in ihren Bann. Geschichten-Mandalas entstehen beim Erzählen und wirken durch ihre Farben, Materialien und Muster. Sie beginnen eine Mandala-Geschichte, indem Sie ein großes Tuch als Kreis in die Stuhlkreismitte legen. Um die für die Geschichte benötigten Materialien an die Kinder zu verteilen, gibt es zwei Möglichkeiten:

→ Entweder Sie stapeln alle Gegenstände in der Reihenfolge, in der Sie sie benötigen, in mehreren Körben übereinander. Einzelne Körbe können Sie dabei zusätzlich mit einem Tuch abdecken. Dies erhöht das Geheimnisvolle, das Spannende und damit auch die Aufmerksamkeit der Kinder. Die Reihenfolge der gestapelten Körbe mit den Requisiten kann Ihnen auch das freie Erzählen erleichtern. Erzählen Sie z. B. in einer Geschichte, dass die Menschen am dunklen Himmel Sterne sehen (siehe Mandala-Geschichte „Sternennacht im Herbst/Winter", Seite 69), dann reichen Sie den obersten Korb mit den kleinen Strohsternen herum, so dass sich ein Kind nach dem anderen einen Stern herausnehmen kann. Kommt der Korb wieder bei Ihnen an, können alle gemeinsam ihre Sterne auf dem Tuch ablegen.

→ Alternativ können Sie vor dem Erzählen um das mittig liegende Tuch entsprechend der Kinderzahl kleine unifarbene Unterlagen (z. B. Servietten aus festerem Material) legen. Alles, was die Kinder im Verlauf der Geschichte nach

Lege-Material zur Mandala-Geschichte „Eichhörnchen auf Futtersuche" (Seite 77)

und nach auf das Tuch legen werden, wird zuvor auf ihren eigenen Unterlagen abgelegt.

Vielleicht lassen Sie sich durch die Geschichten dieses Buches anregen und entwickeln im Laufe der Zeit Ihre eigenen oder auch Geschichten in Anlehnung an Bilderbücher, die gerade in Ihrer Gruppe aktuell sind. Wenn entsprechendes Legematerial in der Einrichtung zur Verfügung steht (siehe *Mandala-Materialien*, Seite 19), können Sie mit den Kindern zusammen recht spontan Bodenbilder in Mandala-Art entstehen lassen.

In der Freispielzeit

Die Kinder können kleinere Lege-Mandalas auch im Laufe des Freispieles gestalten. Dies ist allein oder in Kleingruppen (2 bis 3 Kinder) möglich. Damit sich die Kinder ganz in ihre Arbeit versenken können, ist es hilfreich, ihnen einen möglichst ruhigen Arbeitsplatz anzubieten. Aber wo ist ein ruhiges Fleckchen im Gruppengeschehen zu finden?
Sollen diese Legearbeiten **im Gruppengeschehen** stattfinden, können Sie überlegen, ob folgende Idee umsetzbar ist: In einer Fensternische kann man auf dem vorhandenen Fensterbrett ein nach vorne herausragendes Brett fixieren, dadurch entsteht eine größere (Arbeits-)Fläche mit Freiraum für den Beinbereich des Kindes. Das Kind sitzt mit dem Rücken zum Gruppengeschehen und wird nicht so leicht abgelenkt. Das sich unmittelbar vor diesem Sitzplatz befindende Fenster sollte wenig Ablenkung bieten und allenfalls ruhig gestaltet sein.
Haben Sie einen **Ruheraum** zur Verfügung, so eignet sich dieser selbstverständlich auch für ruhige Spiele. Ich empfehle, das Spielzeugangebot möglichst in einem Regal oder einem Schrank *vor* dem Ruheraum zu deponieren. Damit der Ruheraum tatsächlich zu einer ruhigen Zone in der Kindertagesstätte werden kann, sind einige Spielregeln wichtig (soweit für die Arbeit mit Mandalas relevant):

➜ wenig Anreize im Raum
➜ geringe Anzahl der Kinder (1 bis 3)
➜ angepasste Materialmenge (z. B. eine Mandala-Unterlage, ein bis drei Sorten an Legematerial)
➜ evtl. ruhige CD-Musik (empfehlenswert instrumental, z. B. im Alpha-Klang produziert und somit dem ruhigen Atemrhythmus des Kindes angepasst)
➜ warme und ruhige Lichtquelle

MANDALA-MATERIALIEN

ES IST WAHRSCHEINLICH, dass Sie viele der Materialien, die Sie für die aufgeführten Mandala-Arten benötigen, bereits in Ihrer Einrichtung haben. Etliche der hier vorgeschlagenen Dinge können auch leicht durch andere Materialien, die Ihnen zur Verfügung stehen, ersetzt werden.

Für die sogenannten **Turn-Mandalas** nehme ich gerne Teppichfliesen oder andere Sitzunterlagen im Außenkreis. Ein Hula-Hoop-Reifen bietet sich als Mittelpunkt an. Um das Mandala-Muster zu gestalten, eignen sich diverse Dinge wie Stoffstreifen, Seile, in Ständer aufgestellte Hula-Hoop-Reifen, Gymnastikbänke und noch vieles andere. Wenn Sie, wie hier vorgestellt, Bälle in Ihr Bewegungsmandala integrieren wollen, rate ich, mit den Kindern *zuvor* Spielregeln abzustimmen (z. B. „Bälle werden weder geworfen noch geschossen."). Anstelle von Bällen können auch Ringe, Fühlkissen oder Chiffontücher verwendet werden.

Für die **kleinen Lege-Mandalas** eignen sich stabile Unterlagen und ansprechende Legematerialien. Wenn Sie sich für eine unaufwendige Pappunterlage entscheiden, können Sie das Angebot für die Kinder zeitnah starten. Stellen sie fest, dass die Kinder es gerne annehmen, können Sie später immer noch auf die stabilere Variante, eine ausgesägte Sperrholzplatte, übergehen. Weitere Hinweise finden sie bei „Kleine Lege-Mandalas" (Seite 45).

Auch für **Geschichten-Mandalas** ist in den Einrichtungen in der Regel viel Material vorhanden. Für diese Art der Legearbeiten benötigen Sie von den verschiedenen Materialien jeweils so viel, wie Kinder mittun. Lediglich die Dinge, die den Mittelpunkt darstellen, brauchen nur einmal vorhanden zu sein. Sie werden feststellen, dass Sie mit bunten Tüchern, Naturschätzen (inklusiv getrockneter Strohblumen), Bauklötzen, Perlen und Strohsternen bereits einen wichtigen Grundstock in der Einrichtung haben. Als Figuren verwende ich gerne einfache Kegel in verschiedenen Farben.

Mandala-Materialien

Für die **Klang-Mandalas** ist es hilfreich, sich einen Korb mit Instrumenten zusammenzustellen. Bei den Orff'schen Instrumenten eignen sich die hölzernen gut, da sie warme Töne erklingen lassen. Auch gibt es einige hölzerne Klangtiere, die gestrichen oder gezupft werden können, wie Frösche, Grillen, gackernde Hühner oder Delfine. Aber selbst Walnüsse eignen sich, um mit ihnen Rhythmen zu klopfen. Durch ihre stets unterschiedliche Oberfläche sind sie auch für die kleine Kinderhand interessant zu greifen.

Wenn Sie ein Mandala mit Wassergläsern aufbauen wollen, benötigen Sie entweder eine größere Anzahl Gläser gleicher Art und Größe (8 oder 12) oder aber zwei oder drei unterschiedliche Arten von Gläsern oder Schüsselchen und diese dann jeweils viermal. Weitere Erläuterungen finden Sie im Kapitel *Klingende Mandalas* (Seite 85).

Mit Klang-Mandalas können Kinder Töne und Geräusche erforschen.

MANDALAS

mit hohem Bewegungsanteil

Mandalas mit dem eigenen Körper

Kinder-Mandala ab 2 Jahre, auch für ältere Kinder

Material: evtl. ein Gymnastikreifen als Mitte und gleichzeitig als „Abstandhalter" bei einer größeren Kindergruppe

Bei diesem Mandala bildet jedes Gruppenmitglied mit seinem Körper einen Teil des sich von Runde zu Runde verändernden Mandalas. Die Gruppe sitzt im Kreis. Die Erzieherin beginnt mit einer Bewegung (z. B. Beine lang ausstrecken). Die Gruppe ahmt diese Bewegung nach. Haben alle diese Bewegung nachvollzogen, nimmt die Erzieherin die nächste Körperstellung ein (z. B. die Arme in die Höhe strecken). Wieder ahmt die Gruppe dies nach. So wird die Reihe fortgesetzt (z. B. die Beine anziehen, die Arme um die Knie schlingen ...), das Gruppenbild verändert sich immer wieder neu.

Mit dem eigenen Körper „Bewegungs-Muster" erleben

Mandalas mit hohem Bewegungsanteil

Die Kinder können sich im Kreis hinknien und die Arme rechts und links auf die Schultern der neben ihnen knienden Kinder legen. Alternativ stellen sich alle hin und haken sich bei ihren Nachbarn ein.

Auch im Liegen macht den Kindern dieses Spiel viel Freude. Auf dem Bauch liegend können die Kinder alle mit den Händen einen mittig liegenden Reifen greifen und aus dieser Grundposition heraus verschiedene Kinder-Mandalas entstehen lassen. Auf dem Rücken liegend können die Füße den Reifen berühren. Die ausgestreckten Arme bilden hierbei z. B. Sonnenstrahlen nach. Die Ideen der Kinder werden aufgegriffen.

Wenn Sie die Möglichkeit haben, die verschiedenen Bewegungsmandalas von oben zu fotografieren, erhalten die Kinder im Nachhinein noch einen ganz eigenen Eindruck von diesem Mandala-Spiel.

Die Kindergruppe bildet mit dem eigenen Körper ein Mandala.

Zu beachten:
➜ Bei Kindern im Kleinkindalter beschränke ich mich auf Übungen, die mit beiden Armen und Beinen gleichzeitig durchgeführt werden. Damit verzichtet man auf Bewegungsabläufe, die im Kreis spiegelverkehrt wahrgenommen werden können.
➜ Bei Kindern ab etwa fünf Jahren bietet sich auch diese Variante an: Nachdem die Erzieherin die erste Runde begonnen hat und alle die neue Bewegung nachvollzogen haben, überlegt sich das Kind links neben der Erzieherin eine neue Bewegung für die zweite Runde, dann wiederum das nächste Kind. So wird das Spiel fortgesetzt, bis alle an der Reihe waren.

Turn-Mandalas mit Spielmaterial

Mandala mit Bauklötzen　　　　　　　　　　　　　　　　ab 3 Jahre

Material: Gymnastikreifen als Zentrum des Mandalas; gelbe, rote und blaue Stoffstreifen; gleichfarbige Bauklötze in einem Korb; kleine gelbe, rote und blaue Stofftücher, die etwas abseits bereitgelegt werden; Teppichfliesen

Die Kinder stellen sich jeweils auf eine Teppichfliese. Diese gilt nun als ihr ‚Häuschen'. Gemeinsam wird die auf dem Boden vorbereitete, gelegte Mandala-Struktur betrachtet, die verschiedenen Farben werden benannt. Die Kinder werden aufgefordert, sich ihr ‚Häuschen' gut zu merken. Dann gehen sie mit einem Schritt nach hinten von der Teppichfliese herunter und bilden einen Kreis um das Mandala.
Alle drehen sich in Kreisrichtung und laufen eine Runde um das Mandala herum, bis sie wieder an ihrem Ausgangspunkt angekommen sind. Je nach Bewegungsdrang der Kinder können sie anschließend noch eine oder mehrere Runden in

Mandalas mit hohem Bewegungsanteil

die andere Richtung hüpfen, kriechen oder schleichen. Es empfiehlt sich, mit einer ruhigen Bewegungsart zu enden.

Dann stellen sich die Kinder wieder auf ihre Teppichfliese. Die Erzieherin ermuntert die Kinder, im Anschluss nacheinander bestimmte Aufgaben gruppenweise auszuführen. So werden z. B. alle Kinder, die einen roten Streifen vor sich liegen haben, aufgefordert, sich aus dem in der Reifenmitte stehenden Korb einen roten Bauklotz zu nehmen, um ihn auf ihren Streifen zu stellen. Anschließend nehmen sich alle Kinder, die einen blauen Streifen vor sich haben, einen gleichfarbigen Klotz und stellen diesen vor sich ab. Die Kinder mit den gelben Streifen verfahren ebenso.

Turn-Mandalas mit Spielmaterial

Die Kinder können anschließend farblich passende Stoffstücke oder Tücher, die in der Nähe bereitliegen, nehmen und beispielsweise ihre Bauklötze damit zudecken, einwickeln und vor den Reifen stellen. Mit etwas Übung entwickeln die Kinder viele eigene Ideen, die mit aufgegriffen werden können.

Am Ende setzen sich alle Kinder auf ihre Teppichfliesen und betrachten das Mandala, das sich während des Spieles so häufig verändert hat. Es kann ein Abschlusslied gesungen werden, z. B. „Was machen wir so gerne hier im Kreis?" Auch aus dem Aufräumen des Mandalas kann ein Spiel entstehen. Dabei könnten die Kinder zuerst ihr kleines farbiges Tuch, anschließend die Bauklötze und zum Schluss die langen Stoffstreifen in den Korb in der Mitte zurücklegen.

Mandalas mit hohem Bewegungsanteil

Mandala mit Igelbällen ab 4 Jahre

Material: Gymnastikreifen als Zentrum des Mandalas; gelbe und rote Stoffstreifen; rote und blaue Igelbälle; Teppichfliesen

Zu beachten: Es ist sinnvoll ganz zu Beginn eine Spielregel aufzustellen, wie: Die Bälle werden ausschließlich gerollt. Die Hand bleibt beim Rollen am Ball.

Der Beginn verläuft wie beim Bauklotz-Mandala (Teppichfliesen als ‚Häuschen'; Laufen rund um das gelegte Bewegungs-Mandala, welches durch seine gelbroten Strahlen an eine Sonne erinnert; ruhiges Zurückkommen, z. B. schleichend wie eine Katze, im eigenen ‚Häuschen').
Die Erzieherin ermuntert die Kinder auch bei diesem Mandala dazu, stets gruppenweise bestimmte Aufgaben durchzuführen. So agieren entweder die Kinder, die einen roten oder die, die einen gelben Stoffstreifen vor sich haben. So wird abwechselnd eine Reihe von Übungen mit nur einem Teil der Gruppe aktiv durchgeführt. Nach jedem Übungsabschnitt werden die Streifen wieder auf ihren Platz am Boden zurückgelegt. Solche Aufgaben können sein (bitte pro Spiel eine Auswahl davon treffen):

→ mit dem farbigen Stoffstreifen winken, erst mit der einen, dann mit der anderen Hand
→ den Stoffstreifen um den eigenen Körper herumreichen
→ den Stoffstreifen über den Kopf kreisen lassen
→ den Stoffstreifen an beiden Enden fassen, waagrecht vor sich halten und darüber steigen
→ den Igel-Ball auf dem vor sich liegenden Streifen bis zum Ende und wieder zurückrollen
→ den Ball um den Streifen herumrollen
→ den Ball in den Streifen einwickeln

Turn-Mandalas mit Spielmaterial

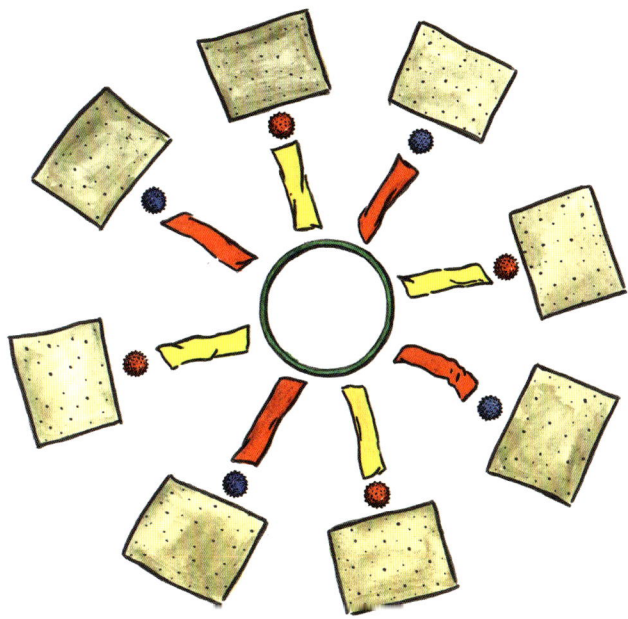

→ den Ball über den Streifen hinweg, bis zum Reifen rollen
→ den Ball innen an den Reifenrand legen

Nach einer Weile kann es gut tun, dem wieder größer werdenden Bewegungsdrang der Kinder entgegenzukommen. Dafür treten diese wieder einen Schritt nach hinten von der Teppichfliese herunter. Nun können sie durch den Raum laufen, z. B. fauchend wie Löwen, schleichend wie Katzen oder zum Ende leise trippelnd wie Mäuse. Haben die Kinder auf diese Weise überschießende Energien abfließen lassen, können evtl. weitere Einheiten mit den vor ihnen liegenden Stoffstreifen oder Igelbällen durchgeführt werden. Der Fantasie sind bei diesen Übungen keine Grenzen gesetzt. Die Kinder machen vor allem dann begeistert mit, wenn auch ihre Ideen gefragt sind und umgesetzt werden.

Mandalas mit hohem Bewegungsanteil

Wird das Sonnenstrahlen-Mandala zum wiederholten Male oder mit größeren Kindern gestaltet, so können weiterführende Übungen angeschlossen werden. Bei einigen Aufgaben hilft kleinen Kindern eine Markierung auf ihrer rechten Hand, um

→ sich rechts neben ihren farbigen Stoffstreifen zu stellen und nun slalommäßig um alle Streifen herumzugehen, bis jedes Kind wieder an seinem Platz ist.

→ sich rechts neben ihren Streifen zu stellen und in Kreisrichtung Schritte über die Stoffstreifen zu tun, ohne diese zu berühren …

Zum Schluss setzt sich jedes Kind wieder auf seine Teppichfliese. In Ruhe wird das Sonnenstrahlen-Mandala nochmals betrachtet. Wir rufen die unterschiedlichen Übungen, die die Gruppe mit Streifen und Bällen durchgeführt hat, nochmals in Erinnerung. Dabei kann man die entsprechenden Präpositionen (vor, zurück, um, in, über, bis zu, neben …) rekapitulieren, die schon bei der Aufgabenstellung formuliert wurden.

Wald- und Wiesen-Mandalas

Wald-Mandala　　　in altersgemischten Gruppen ab 2 Jahre

Material: Waldschätze wie Stöcke, Zapfen, Blätter, Eicheln, Steine

Hat eine Gruppe die Gelegenheit, einen Wald-Tag zu erleben, dann kann sie bei ihrem Ausflug spontan ein Waldmandala legen. Dazu wird eine annähernd ebene, freie Stelle gesucht, die so groß ist, dass die Gruppe bequem im Kreis stehen kann. An dieser Stelle wird das großflächige Mandala entstehen.

Zuvor werden Naturschätze (siehe oben) in großer Menge gesammelt und dann sortiert neben der ausgesuchten Fläche deponiert. Die Gruppe bildet einen Kreis, fasst sich an den Händen und geht eine Runde. Dabei schlurfen die Kinder mit den Füßen über den Boden (was sie sehr gerne tun). Jetzt werden die Hände losgelassen, jeder geht einen Schritt zurück. Auf dem Boden ist nun eine ‚geschlurfte' Kreislinie zu erkennen. Wird noch ein markantes Teil in die Mitte gelegt (z. B. ein auffälliges Blatt, ein großer Stein oder ein Stück Baumrinde), so sind die wichtigsten Elemente des Mandalas gestaltet: der Mittelpunkt und die

Mandalas mit hohem Bewegungsanteil

Kreislinie. Mit Stöcken werden nun als weitere Ordnungslinien ‚Tortenstücke' in gerader Anzahl gelegt.

Jetzt kann das eigentliche Legen beginnen. Die pädagogische Fachkraft gewinnt die Aufmerksamkeit der Kinder, nimmt einige Laubblätter von den gesammelten Naturschätzen, legt sie in eines der Felder (‚Tortenstück') und ebenso in das gegenüberliegende. Ihr Tun sollte sie verbal begleiten: *„Ich lege in dieses Feld Blätter und in das, genau gegenüber."* Anschließend nimmt sie sich z. B. Eicheln und verfährt damit ebenso. Die Kinder unterstützen sie dabei.

Wenn sie sich nun als nächstes z. B. die Zapfen nimmt und laut überlegt, wohin sie diese denn legen könnte, so haben bereits einige Kinder das Ordnungsprinzip erkannt und können sagen, welche freien Flächen zusammengehören. Die letzten Flächen werden ausgefüllt. Die äußere Kreislinie kann, damit sie sich besser vom Umfeld abhebt, mit Stöcken oder Steinen nachgelegt werden.

Zum Abschluss kann die Gruppe wiederum einen Kreis um das Waldmandala herum bilden, einen Kanon singen und mit einem Tanz-Mandala abschließen (siehe Singspiel-Mandala, Seite 35ff).

Äste, Stöckchen, Zweige, Zapfen und Blätter bilden die Struktur des Mandalas.

Wald- und Wiesen-Mandalas

Mandala mit Riesenmikado   ab 2 Jahre

Material: Gymnastikreifen als Zentrum des Mandalas; Riesenmikado-Stäbe von ca. 1 m Länge mit jeweils zwei Farbmarkierungen; Korb mit gelben und roten Chiffontüchern

Zu beachten: Das abwechselnde Agieren der Kinder in zwei Gruppen hat den Vorteil, dass die Kinder sich nicht zu dicht gedrängt im Mikado-Mandala bewegen müssen.

Die Mikados werden mit etwa 30 cm Abstand strahlenförmig um den mittig liegenden Reifen angeordnet, die farbigen Markierungen der Stäbe wechseln sich jeweils ab. Es wird immer eine gerade Anzahl von Stäben ausgelegt, so dass das

Eine Mandala-Form entsteht aus Reifen, Mikado-Stäben und der Kindergruppe.

Mandalas mit hohem Bewegungsanteil

Wer ist dran? Das Riesenmandala kommt in Bewegung.

Muster aufgeht. In der Mitte des Reifens steht der Korb mit Chiffontüchern. Die Gruppe steht im Kreis rings um das große Bodenmandala. Am Ende eines Stabes steht jeweils ein Kind.

Zunächst werden die unterschiedlichen Farben der Mikadostäbe benannt. Jedes Kind nimmt bewusst den Platz bei dem ihm zugeordneten Mikadostab wahr. Die Kinder werden je nach Muster der Stäbe in zwei Gruppen eingeteilt, die dann abwechselnd Spielaufträge erhalten. Nun beginnt das eigentliche Spiel.

Die Kinder, in deren Richtung das rote Ende zeigt, hüpfen um ihren Stab herum, ohne diesen zu berühren. Stehen sie wieder an ihrem Platz, macht es die zweite Gruppe ebenso. Anschließend können die beiden Gruppen nacheinander, jeweils möglichst dicht um ihren Stab herumgehen, ohne auf diesen zu treten, danach rückwärts um ihn herum trippeln ... usw. Wer hat noch eine andere Idee? Die Vorschläge der Kinder werden aufgegriffen und umgesetzt.

Lassen Ruhe und Konzentration der Kinder nach, können sie einige Runden um das Mikado-Mandala herumlaufen, hüpfen und zuletzt *schleichen*, um wieder ruhig an ihrem Platz anzukommen.

In einer nächsten Einheit nehmen sich die Kinder der ersten Gruppe die roten, die der zweiten Gruppe die gelben Chiffontücher aus dem Korb heraus. Nacheinander können die Kinder mit den Tüchern winken, sie um ihren Körper herumreichen oder auf ihren Kopf legen und sich damit auf der Stelle drehen. Auch hierbei werden die Ideen der Kinder einbezogen, um Motivation und Fantasie zu beflügeln.

Singspiel-Mandalas nach bekannten Melodien

Die folgenden Lieder haben neue Texte, die zu bekannten Melodien gesungen werden. Sie können im Kreis stehend um eine gestaltete Mitte oder im Anschluss an eine Legearbeit gesungen, gehüpft, geklatscht und in verschiedenste Bewegungen umgesetzt werden. Allen Spielliedern gemeinsam ist, dass sie einen Bezug zur Mitte haben, dass also immer wieder Bewegungen zur Mitte hin (und wieder heraus) und in Kreisrichtung durchgeführt werden. Singspiel-Mandalas fördern insbesondere Sprache und Musikalität sowie Konzentration, Merkfähigkeit und innere Ausgeglichenheit, denn Singen macht froh!

Mandalas mit hohem Bewegungsanteil

Alle Kinder groß und klein   ab 3 Jahre
(„Alle meine Entchen")

Material: gestaltete Mitte; gelbe und rote Bänder oder Tücher

Die Melodie folgt dem Lied „Alle meine Entchen", das jedes Kind kennt. Die Kinder stehen im Kreis und gehen bei der ersten Zeile jeder Strophe in Tanzrichtung. Bei der zweiten Zeile werden die Bewegungen dem Text entsprechend durchgeführt. Die Stimme passt sich dem Inhalt bewusst an. Das Lied hat ein ruhiges Ende.

1. Alle Kinder groß und klein, //:gehen jetzt im Kreise://
   hüpfen auch mal auf der Stell',
   jeder auf seiner Weise.

2. ... stampfen auf und klatschen laut,
   jeder auf seiner Weise.
3. ... drehen sich nun auf der Stell',
   jeder auf seiner Weise.
4. ... klopfen die Beine und den Po,
   jeder auf seiner Weise.
5. ... rubbeln die Arme, zupfen die Ohr'n,
   jeder auf seiner Weise.
6. ... streichen die Nase und den Hals,
   jeder auf seiner Weise.
7. ... streicheln den Bauch ganz vorsichtig,
   jeder auf seiner Weise.
8. ... hocken sich hin und werden still,
   werden still und leise.

SINGSPIEL-MANDALAS NACH BEKANNTEN MELODIEN

Kommt mit uns im Kreise
("Zeigt her eure Füße")

ab 3 Jahre

Material: gestaltete Mitte; gelbe und rote Bänder oder Tücher

Der Text des Liedes wird nach der Melodie von „Zeigt her eure Füße" gesungen.
Die Kinder stehen im Kreis und gehen beim Refrain erst in eine Richtung, dann entgegengesetzt, bevor sich jeder um die eigene Achse dreht. Bei den Strophen bewegt sich jeder an seinem Platz.

Refrain: Kommt mit uns im Kreise,
noch weiter hierum,
so gehen wir Kinder und
dreh'n uns einmal um.

1. Wir klatschen, wir klatschen, mal lauter und mal leis'. (2x)
2. Wir stampfen, wir stampfen, mal lauter und mal leis'. (2x)
3. Wir patschen, wir patschen, mal lauter und mal leis'. (2x)
4. Wir singen, wir singen, mal lauter und mal leis'. (2x)

Mandalas mit hohem Bewegungsanteil

Wir hüpfen in die Höhe und klatschen dazu ab 3 Jahre
(„Suse, liebe Suse")

Material: gestaltete Mitte; gelbe und rote Bänder oder Tücher

Die Kinder haben abwechselnd gelbe und rote Bänder oder Tücher um die Handgelenke gebunden. Das Lied wird nach der Melodie von „Suse, liebe Suse" gesungen.

Refrain: Wir haben bunte Bänder und winken uns zu,
die roten und die gelben, erst ich und dann du.
So freu'n sich alle Kinder, ob groß oder klein,
der Tanz, der macht uns Freude, wir stimmen mit ein.

Bunte Bänder und Tücher unterstützen das bewegte Sing-Mandala.

Singspiel-Mandalas nach bekannten Melodien 39

1. Wir hüpfen in die Höhe und klatschen dazu,
   wir stampfen auf der Stelle, das geht ja im Nu.
   Wir geh'n in die Mitte und schleichen zurück,
   wir drehen uns im Kreise, ganz langsam Stück für Stück.
   (Refrain)

2. Wir reiben uns die Beine, die Füße, den Po,
   so werden wir ganz ruhig, ganz glücklich und froh.
   Wir geh'n in die Mitte und schleichen zurück,
   wir drehen uns im Kreise, ganz langsam Stück für Stück.
   (Refrain)

3. Wir streichen uns die Arme, ganz ruhig und sacht,
   wir spüren unser Herz, es gibt auf uns Acht.
   Wir geh'n in die Mitte und schleichen zurück,
   wir drehen uns im Kreise, ganz langsam Stück für Stück.
   (Refrain)

4. Der Atem ist so ruhig, dem Bauch geht es gut.
   Wir Kinder sind so fröhlich und hab'n neuen Mut.
   Wir geh'n in die Mitte und schleichen zurück,
   wir drehen uns im Kreise, ganz langsam Stück für Stück.
   (Refrain)

   Zum Abschluss:
5. Wir haben bunte Bänder und winken uns zu,
   die roten und die gelben, erst ich und dann du.
   So freu'n sich alle Kinder, ob groß oder klein,
   der Tanz, der geht zu Ende, die Freude ist mein.

Mandalas mit hohem Bewegungsanteil

Wir gehen in die Mitte
("Ich bin ein dicker Tanzbär") ab 3 Jahre

Material: gestaltete Mitte; gelbe und rote Bänder oder Tücher

Jeweils zwei Kinder, die nebeneinander stehen, bekommen ein gleichfarbiges Band um das Handgelenk gebunden. Sie werden darauf aufmerksam gemacht, dass sie Nachbarn sind (siehe 2. Strophe). Dieses Singspiel folgt der Melodie von „Ich bin ein dicker Tanzbär".

Refrain: Ei, wir hüpfen hin und her,
mal links, mal rechts,
das ist nicht schwer. (2x)

1. Wir gehen in die Mitte, dann trippeln wir zurück.
   Wir drehen uns im Kreise, so tanzen wir ein Stück.
   (Refrain)

2. Nun woll'n wir weitergehen und greifen unser Band.
   Wir winken unserm Nachbarn und geben ihm die Hand.
   (Refrain)

3. Wir patschen auf die Beine, mal feste und mal sacht.
   Wir klatschen in die Hände, ja hört, gebt alle acht.
   (Refrain)

Singspiel-Mandalas nach bekannten Melodien

Singspiel-Mandala nach Kanon-Melodien   ab 3 Jahre

Kanons können mit einfacher, mehrmals wiederholter Schrittfolge als kleiner Kreistanz in Bewegung umgesetzt werden. Kanons bestehen häufig aus vier Teilen, denen jeweils eine bestimmte Tanzbewegung und -richtung zugeordnet wird. Für Kindergruppen empfiehlt sich der folgende Ablauf (vgl. Bücken-Schaal, Meditationen und Stilleübungen für Kinder, Don Bosco 2013, Seite 16)

1. Vier Schritte in Tanzrichtung (rechts herum) gehen
2. Vier Schritte in die Kreismitte gehen (evtl. zusätzlich Hände des rechten und linken Partners dabei fassen und Arme zur Mitte hin heben)
3. Vier Schritte aus der Kreismitte herausgehen (entsprechend Arme senken, Hände lösen)
4. Mit vier Schritten auf der Stelle drehen (mit kleineren Kindern auf der Stelle stehen bleiben und viermal klatschen)

Jede Schrittfolge wird mit rechts begonnen.
Nach Belieben können einzelne Anteile auch verändert oder ausgetauscht werden. Denkbar ist z. B.:
→ gegen die Tanzrichtung zu gehen
→ einen Wiegeschritt einzulegen

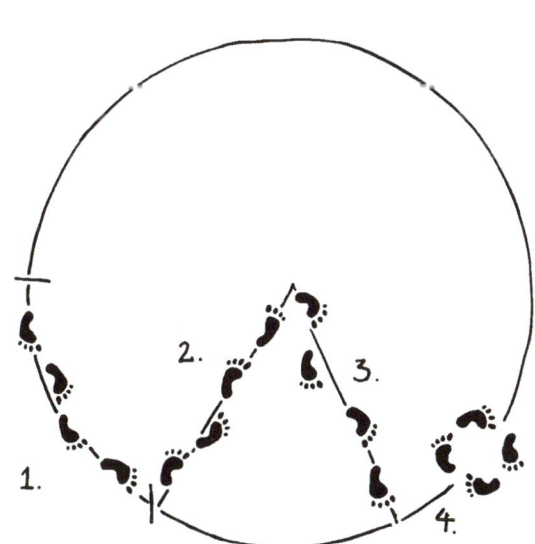

Mandalas mit hohem Bewegungsanteil

Sind die Kinder diese Art des Tanzens gewöhnt, können auch (je nach Thema und Alter der Kinder) bunte Tücher und Kerzen dazu genommen werden. Man kann für diesen Tanz verschiedene, bekannte Kanons heranziehen, z. B.:

→ „Froh zu sein, bedarf es wenig"
   (leichter umsetzbar mit nur 2 Schritten pro Takt)
→ „Bruder Jakob"
→ „Viel Glück und viel Segen"
→ „Das wünsch ich sehr"
→ „Der Himmel geht über allen auf"

Bewegungsmandala mit dem Schwungtuch

Mit Bällen, Tüchern, Federn und mehr   in altersgemischten Gruppen ab 2 Jahre

Material: Schwungtuch, mit unterschiedlich farbigen Ringen um die Mitte herum; Materialien in den Farben des Tuches (in Körben sortiert), für jedes Kind von jeder Sorte ein Gegenstand; Farbwürfel, ebenfalls in den gleichen Farben (geeignet ist ein Schaumstoffwürfel mit Einstecktaschen und entsprechend farbigen Papieren darin);
Hat das Schwungtuch die Farben rot, gelb, weiß und blau wie auf dem Foto, werden z. B. rote Igelbälle, gelbe Federn, weiße Plüschwatte und blaue Chiffontücher bereitgelegt. Die schweren Igelbälle sollten dabei die Farbe des inneren Kreises haben, da sie beim Drehen des Tuches in die Mitte rollen.

Die Gruppe steht im Kreis und hält das ausgebreitete, leere Schwungtuch an den Schlaufen gefasst. Das große Tuch wird auf und ab bewegt, ruhig endend. Die Kinder legen es nieder und bleiben um das Tuch herum stehen. Die Farben des Tuches werden benannt.

Bewegungsmandala mit dem Schwungtuch

Ein Kind würfelt mit dem Farbwürfel. Wird Rot oder Blau gewürfelt, gehen die Kinder zu dem entsprechenden Korb, nehmen sich je einen Igelball bzw. ein Chiffontuch und legen es auf den gleichfarbigen Bereich des Schwungtuches. Wird Weiß oder Gelb gewürfelt, nehmen sich die Kinder je eine Feder oder einen Wattebausch.

Nun wird das Schwungtuch mit den darauf platzierten Materialien bewegt, wobei das Muster der farbigen Ringe um die Mitte herum erhalten bleiben soll.

Bei den *roten Igelbällen* geht die Gruppe, das Schwungtuch mit den aufliegenden Bällen an den Schlaufen haltend, so vorsichtig im Kreis, dass die Bälle im roten Bereich des Tuches liegen bleiben. Ist die Übung noch ungewohnt oder sind die Kinder z. T. noch im Kleinkindalter, so hilft es, wenn das Tuch mit den schweren Bällen in der Mitte auf dem Boden aufliegt.

Das Tuch wird ganz vorsichtig bewegt, damit die Bälle nicht wegrollen.

Mandalas mit hohem Bewegungsanteil

Liegt die *weiße Watte* auf dem Schwungtuch, bleiben die Kinder auf der Stelle stehen. Das Tuch wird nun so lebhaft gewedelt, dass die Watte herunterfliegt.
Bei den *gelben Federn* wird das Schwungtuch, wiederum auf der Stelle stehend, nur sachte auf- und ab bewegt, dass die Federn zwar ein wenig fliegen, aber doch immer wieder im gelben Bereich landen.
Mit den im blauen Bereich des Schwungtuchs platzierten *blauen Tüchern* bewegen sich die Kinder so im Kreise gedreht, dass die kleinen Tücher ruhig liegen bleiben. Schafft die Gruppe das? Kann sie dabei die Ruhe auch selber genießen und vielleicht sogar beim Gehen die Augen schließen? Das Spiel sollte ruhig enden. So kann das Tuch abschließend ohne Material zu ruhiger Musik bewegt werden.

Kleine Lege- Mandalas

Kleine Lege-Mandalas

Unterlagen für Lege-Mandalas

Muster auf Pappunterlagen legen   ab 2 Jahre

Wenn das Legen von Mandalas in einer Gruppe noch neu ist, empfiehlt es sich (nicht nur für jüngere Kinder), vorbereitete Kreisbilder auf einer stabilen Unterlage zur Verfügung zu stellen. Das Muster kann auf rundes, weißes Papier (ca. 25 cm Durchmesser) skizziert und anschließend auf feste Pappe mit größerem Durchmesser (ca. 30 cm) geklebt werden (siehe Foto Seite 50). Das weiße Papier hebt sich optisch von der Pappe ab und zieht den Blick spontan ins Zentrum. Das erleichtert es, die vorgegebene Mandalastruktur unmittelbar zu erfassen. Schon bei *zweijährigen* Kindern ist zu beobachten, dass sie das Legematerial bevorzugt auf den weißen, inneren Bereich ihrer Unterlage ablegen. Dem grundlegenden Ordnungsprinzip „zur Mitte hin" folgen also bereits die Kleinen. Bei den

Beispiele für einfache, symmetrische Mandala-Muster

3-Jährigen sieht man, dass sie die vorgegebene Struktur erkennen, auch wenn sie ihr noch nicht konsequent nachkommen. Kinder *ab 4 Jahren* entwickeln mit den unterschiedlichen Materialien und Farben zunehmend gezielt eigene Muster auf den Vorlagen.

Ideen für Mandala-Muster sind leicht selbst zu entwerfen. Anregungen erhält man auch durch die weit verbreiteten Ausmal-Mandalas. Allerdings sollte man darauf achten, nur solche Muster auszuwählen, die einfach und abstrakt gehalten und auch symmetrisch angeordnet sind. Eine beruhigende Wirkung hat ein Mandala vor allem dann, wenn sein Ordnungsprinzip klar, leicht zu erfassen und offen für vielerlei Gestaltungsvarianten ist.

Alternativ kann man das Mandala-Muster auch direkt auf eine stabile runde Pappe skizzieren. Dies bietet sich vor allem für großflächige Muster und zum Legen mit Naturmaterialien an, da diese Dinge meist mehr Platz beanspruchen.

Großflächige, offene Strukturen zum Belegen mit Naturmaterial

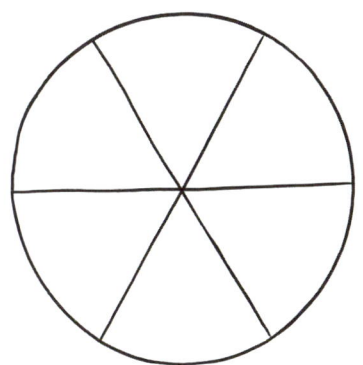 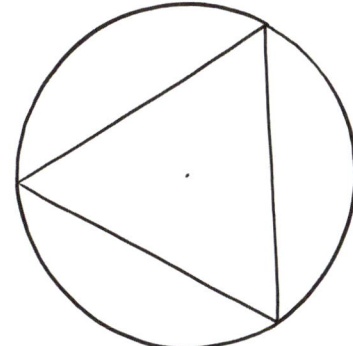

Kleine Lege-Mandalas

Muster auf Stroh-Spiralen legen **ab 3 Jahre**

Eine **Spirale** ist eine Sonderform des Mandalas. Diese findet sich z. B. bei Bananenstrohunterlagen. Kinder (wie Erwachsene) nutzen dieses Material gerne. Es aktiviert in besonderem Maße die sinnliche Wahrnehmung und es macht Freude, damit zu hantieren. Daher eignen sich diese Unterlagen gut zum Legen von Kreisbildern, selbst wenn darauf nicht eindeutige Mandala-Muster gelegt werden. Ich setze sie auch dann gerne ein, wenn die Kinder noch wenig Erfahrung mit Mandalas haben. Mein vorrangiges Ziel ist, dass die Kinder erleben, dass das Legen von Kreisbildern froh macht und sie dabei innerlich ruhig werden. Bananenstrohunterlagen kann man mit den unterschiedlichsten Legematerialien wie Perlen, Naturschätzen oder Bauklötzen belegen.

Unterlagen für Lege-Mandalas

„Blanko"-Mandala auf Filzkreis oder Reifen   ab 4 Jahre

Kennen die Kinder bereits Bewegungsmandalas und sind sie auch mit dem Legen von vorgezeichneten Mandala-Mustern vertraut, kann man ihnen auch runde Unterlagen ohne vorgezeichnete Muster anbieten. So kann man Filzkreise in unterschiedlichen Farben auf etwas größere Pappkreise (z. B. Tortenteller) kleben und die Kinder suchen sich dann jeweils einen für ihre Legearbeit aus. Die eigentliche Legearbeit beginnt damit, dass zuerst ein Material als Mittelpunkt ausgewählt und gelegt wird. Hierbei benötigt das Kind evtl. noch Hilfestellung. Danach kann es sein Mandala selbst weitergestalten.

Auch kleine Hula-Hoop-Reifen eignen sich für Legearbeiten. Wegen ihrer beachtlichen Fläche sollte dann größeres Legematerial gewählt werden. Dies können gepresste Laubblätter, Kastanien, kleine Stöcke und weitere Schätze aus der Natur sein.

„Blanko"-Mandalas erlauben das freie Legen und bieten viel Gestaltungsspielraum.

KLEINE LEGE-MANDALAS

MATERIALIEN FÜR LEGE-MANDALAS

Mandalas mit Glasnuggets, Perlmuttknöpfen, Alltagsdingen ab 2 Jahre

Um Kinder mit Legemandalas vertraut zu machen, wähle ich gerne Glasnuggets. Einfarbig oder bunt gemischt, sprechen die im Licht schimmernden Glastropfen bereits Kinder ab 2 Jahren, aber auch größere und sogar Erwachsene an. Da die Glasnuggets durchscheinend sind, wirken sie auf weißem oder hellem Untergrund besonders schön. Für die Zweijährigen oder für Kinder ohne Erfahrung mit (Lege-)Mandalas kombiniert man die Nuggets am besten mit einer Unterlage mit vorgezeichnetem Muster. Ein weiteres Material, das Kindern unterschiedlichen Alters gefällt und sich zum Belegen fertiger Muster eignet, sind bunte Perlmuttknöpfe.

Konzentriert wählen die Kinder ihre bevorzugten Farben aus.

Materialien für Lege-Mandalas 51

Auch mit schillernden Alltagsdingen lassen sich wunderschöne Muster gestalten.

Kinder mit vielfältiger Mandala-Erfahrung können mit Glasnuggets auch frei auf einer möglichst hellen Filzunterlage gestalten. Die in leuchtenden Farben schimmernden Perlmuttknöpfe wirken auf hellen und dunklen Unterlagen, die Kinder können die Farbe der Unterlage frei wählen.

Als Legematerial kann man auch kostenlose Alltagsdinge und „wertloses" Material heranziehen. Bunte Strohhalme lassen sich in unterschiedlich große Abschnitte schneiden, Reste aus Goldfolie kann man zu kleinen ‚Kügelchen' formen, der Fantasie sind keine Grenzen gesetzt. Ist das Material sehr leicht, kann es auf der Unterlage schnell verrutschen und eignet sich daher erst für Kinder ab vier Jahren.

Mandalas mit Naturmaterialien   ab 2 Jahre

Naturmaterialien regen die Sinne der Kinder auf ganz eigene Art an. Das gemeinsame Sammeln der Naturschätze kann die Vorfreude der Kinder auf das spätere Gestalten steigern. Da gibt es wahrlich etwas zu be-greifen. Oberflächen können rau, pickelig, wellig oder glatt sein. Nie sind zwei gleiche Naturmaterialien völlig identisch. Die Natur bietet vieles, was mehrere unserer Sinne anspricht:

Strohblumen
Die Blüten der leuchtend gelben bis tiefroten Strohblumen üben bei Legearbeiten eine große Anziehungskraft auf die Kinder aus. Man kann Strohblumen als Strauß kaufen (z. B. auf Wochenmärkten) oder aber selbst aussäen und später ‚ernten'. Die Blüten der Strohblumen muss man behutsam anfassen, um sich

Gelbe Strohblumen leuchten wie kleine Sonnen.

Materialien für Lege-Mandalas 53

Die glatten, glänzenden Kastanien schmeicheln den Händen.

nicht selbst zu piksen und um sie nicht zu zerstören. Daher eignen sie sich erst für Kinder ab drei bis vier Jahren. Die Blüten halten meist eine Saison lang, bevor sie brüchig werden.

Kastanien, Eicheln, Bucheckern und andere Naturmaterialen

Die Natur bietet allerlei Früchte, Kastanien, Eicheln, Eichelhütchen, Bucheckern oder Bucheckern-Hüllen, die zum Legen von Mandalas verwendet werden können. Zapfen vom Mammutbaum sind ideal und eignen sich bereits für die Kleinsten, da sie rund und fast in sich abgeschlossen sind. Auch die annähernd dreieckigen Kiefernzapfen bieten sich an, gegenüber Fichtenzapfen sind sie deutlich stabiler. Sie müssen allerdings vorher einzeln auf mögliche ‚Widerhaken' am Flügelende überprüft werden. Diese können leicht abgeknipst werden.

Weitere geeignete Naturmaterialien:
- ➜ Astscheiben mit unterschiedlichem Durchmesser (z. B. 2, 5 und 8 cm)
- ➜ kleine Stöckchen
- ➜ Getreide-Ähren oder Naturstrohhalme
- ➜ gepresste Laubblätter
- ➜ leere Walnusshälften
- ➜ Muscheln
- ➜ kleine Steine

Vielleicht finden Sie unterwegs noch ganz andere Schätze. Viel Spaß beim Sammeln!

Die Unterlagen, die mit Naturmaterialien belegt werden, sollten besser ohne Mandala-Vorlage sein oder entsprechend große Muster aufweisen, so dass das Muster nicht von den oftmals größeren Materialien verdeckt wird.

Ist das Gestalten großflächiger Naturmandalas noch ungewohnt, kann man den Kindern anfangs Hilfestellungen geben (z. B. „Schau, magst du in dieses Feld die gelben Strohblumen und um das Feld herum die Astscheiben legen? Magst du das Bild so fertig legen?"). Kleine und im Legen wenig erfahrene Kinder legen ihre ganz eigenen Muster – das ist völlig in Ordnung.

Einfarbige Mandalas und Zwillings-Mandalas

Neben der Art des Materials sind auch andere Ordnungsprinzipien für Mandalas denkbar, zum Beispiel Farbe, Form, Größe etc. So lassen sich auch monochrome Mandalas legen, also Mandalas in einer Farbe, deren Muster aus ganz unterschiedlichen Dingen entstehen kann.

Einfarbige Mandalas und Zwillings-Mandalas

Eine Farbe – viele Materialien ab 4 Jahre

Die Erzieherin überlegt zunächst zusammen mit dem Kind, welche unterschiedlichen Gegenstände mit der gleichen Farbe sich eignen, um ein Mandala zu legen. In einer Materialschale werden aus den Materialschubladen in der Einrichtung farblich passende Dinge gesammelt, z. B. gelbe Holzstäbchen, Glasnuggets, Bauklötze, Filzblumen, Perlen, aus denen anschließend ein Kreisbild (auf einem vorgegebenem Muster oder frei) gestaltet wird. Das Kind fokussiert sich beim Zusammensuchen des Legematerials auf die Farbe und erst anschließend auf Form, Material und Größe der Dinge.

Wie die helle Sonne: Strohsterne, Bauklötze, Glasnuggets und Perlen auf gelber Filzunterlage

KLEINE LEGE-MANDALAS

Das Mandala-Doppel   ab 4 Jahre

Während die bisher aufgeführten Legemandalas in erster Linie Kreativität und Fantasie fördern, geht es bei dieser Variante vor allem um Konzentration und Merkfähigkeit. Die Kinder trainieren mit dieser Übung ihre Wahrnehmung, Sprache, Ausdauer und Feinmotorik, sie bewegen sich mehrere Male frei im Raum und treffen Absprachen mit den anderen Kindern ihrer Kleingruppe.

Nach dem Prinzip des in Grundschulen verbreiteten **„Laufdiktats"** (auch „Schleichdiktat"), bei dem Kinder sich Wörter aus einem aufgeschlagenen Lesebuch einprägen und an ihrem Platz aus dem Gedächtnis niederschreiben, gilt es hier, ein gelegtes Mandala-Muster in seiner Struktur zu erkennen, sich einzuprägen und es an anderer Stelle nachzulegen. Die Aufgabe kann als Einzelarbeit oder in einer Kleingruppe (maximal vier Kinder) ausgeführt werden.

An einer Stelle des Raumes befindet sich ein fertig gestaltetes Mandala, an einer zweiten Stelle in mehreren Schälchen die dafür benötigten Materialien und an einer dritten Stelle die freie Unterlage, auf der das vorgegebene Mandala identisch nachgelegt werden soll. Die Kinder schauen sich das Mandala genau an. Sie sprechen sich ab, wer welche Materialien holen möchte, und können dabei beliebig oft zur Vorlage zurückgehen. Auf der freien Unterlage legen sie das vorbereitete Mandala nach und kontrollieren das Ergebnis selbst.

Mandala-Spielteppich

Der Mandala-Spielteppich, wie ihn der Kindergartenausstatter *Dusyma* vertreibt, eignet sich gut für großformatige Mandala-Legespiele mit Kindern. Neben den wesentlichen Merkmalen eines Mandalas, dem Mittelpunkt und der äußeren Kreislinie, gibt es auf diesem Spielteppich weitere konzentrische Kreise. Durch dicke Punkte unterbrochen, ergibt sich eine symmetrisch angelegte, einfach gehaltene Struktur. Diese bietet den Kindern einerseits notwendige Orientierung, lässt ihnen aber andererseits Raum für ihre eigene Fantasie, Kreativität und Bewegungsfreude. Mithilfe des Mandala-Spielteppichs lassen sich Mandalas mit ganz verschiedenen Materialien gestalten, die in den Kitas in der Regel reichlich vorhanden ist:

→ aus dem Baubereich: Bausteine, Häuser, Bäume, Tiere oder aber transparente Würfel, farbige Chips …
→ aus dem Bewegungsbereich: Fühlkissen, kleine Ringe, Seile, bunte Bänder, Kegel …
→ Naturschätze wie Kastanien, Eicheln, Zapfen, Baumscheiben, Steine, Muscheln, Strohblumen, Ähren, Gänseblümchen …
→ Schaf- oder Märchenwolle, Filzblumen oder -schnüre, Edelsteine, Glasnuggets …
→ (Kegel-)Figuren, Biegepüppchen …

Kleine Lege-Mandalas

→ (Papier-)Schiffchen, bunte Bierdeckel, farbige (Holz-)Dreiecke ...
→ Klanghölzer, Rasseln, kleine Trommeln, Glöckchen ...

Bieten Sie jeweils eine *kleine Auswahl* von Materialien an, das erleichtert es den Kindern, ins Spiel zu kommen, und beflügelt ihre Fantasie. Eine Hinführung der Kinder zum Be-greifen und Gestalten von Mandalas kann mit diesem Mandala-Teppich ebenso erfolgen wie mit den vorher beschriebenen Lege-Mandalas.

Mandalas

zum Tasten, Riechen, Schmecken

Mandalas zum Tasten, Riechen, Schmecken

Mandalas zum Tasten

Mandala-Tastspiele können den Tastsinn in mehrfacher Hinsicht schulen. Zum einen bieten die Lege-Mandalas schon allein durch die unterschiedlichen Materialien vielfache Anreize für die taktile Wahrnehmung (siehe Seite 50 ff). Zum anderen kann man den Tastsinn beim Ertasten vorbereiteter Mandalas gezielt fördern, wenn die Kinder dabei die Augen schließen und sich ganz auf das Fühlen konzentrieren. Jüngere Kinder, die sich damit schwer tun, die Augen zuzumachen, kann man dennoch dazu ermuntern: „Versucht doch einmal, die Augen zu schließen, wenn ihr das Mandala unter dem Tuch ertastet." Viele Kinder werden zwischendurch blinzeln. Wenn wir das zulassen, haben die Kinder anschließend mehr innere Ruhe und können sich ganz auf das Tasten einlassen. Beim wiederholten Spielen wird das Blinzeln nach und nach zurückgehen.

Mandala-Memo ab 4 Jahre

Material: runde, unifarbene Unterlagen in Größe eines Bierdeckels oder größer, die mit flachen Materialien beklebt sind (Holzplättchen oder Naturmaterialien wie Strohhalme, Eichelhütchen, Bucheckern, Astscheiben ...); blickdichtes Tuch; jeweils eine zweite freie Unterlage in der gleichen Größe wie die beklebte; Schale mit Legematerial in gleicher Menge wie beim ersten Mandala

Für das Tastspiel bereiten wir ein Mandala vor und kleben das Material auf einer stabilen Unterlage fest. Das fixierte Mandalabild wird mit einem Tuch abgedeckt. Jeweils zwei Kinder können die Übung zusammen machen: ein Kind hält das Tuch fest, damit es nicht verrutscht, das andere Kind ertastet konzentriert das Mandala unter dem Tuch. Es kann hilfreich sein, die Dinge zu benennen, die es, ohne sie zu sehen, ertastet und be-greift.

Mandalas zum Tasten

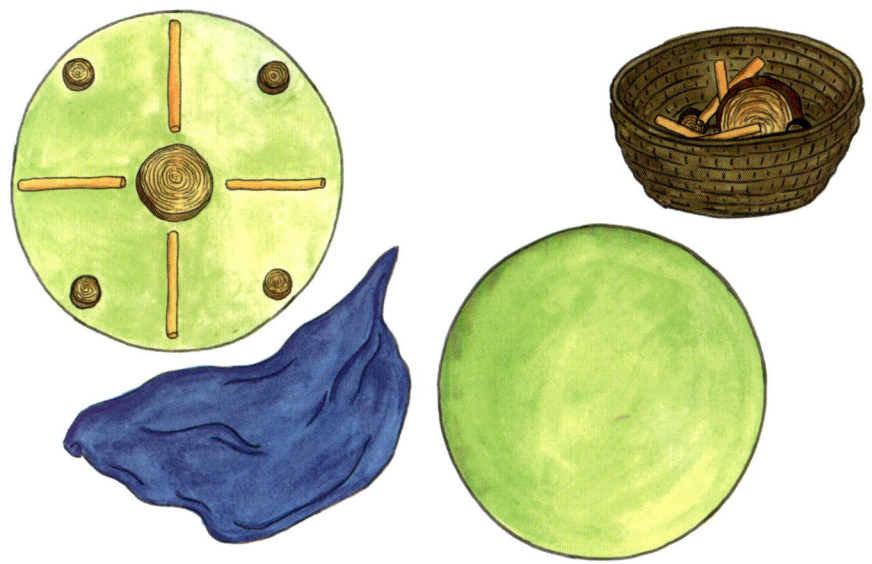

Im zweiten Schritt geht es darum, das ertastete Mandala auf einer anderen, freien Unterlage nachzulegen. Die dafür benötigten Materialien liegen offen vor dem Kind in einem Schälchen bereit, ebenso die zweite, freie Unterlage. Hat das Kind das Mandala nachgelegt, kann es anschließend mit beiden Händen ‚parallel' tasten, d. h. mit der einen Hand das Mandala unter dem Tuch, mit der anderen das offen vor ihm liegende. Fühlen sich beide Mandalas gleich an? Zur Überprüfung können die Kinder das Tuch hochheben und nachschauen.
Anschließend werden die Rollen getauscht. Das andere Kind kommt an die Reihe, ertastet ein neues Lege-Mandala, welches es zuvor noch nicht gesehen hat, und legt es wiederum nach.

Mandalas zum Tasten, Riechen, Schmecken

Mandalas zum Riechen und Schmecken

Die folgenden Mandalas aus duftenden Materialien und die Lebensmittel-Mandalas fördern neben den anderen Sinnesbereichen vor allem die olfaktorische und gustatorische Wahrnehmung.

Winter-Duft-Mandala **ab 3 Jahre**

Material: kreisrunde Unterlagen mit markiertem Mittelpunkt; Mandarinen- oder Apfelsinenschale in Sternform (ausgestochen); einheitlich große Abschnitte von Tannenzweigen; Zimtstangen und Sternanis, jeweils in gleicher Anzahl wie Tannenzweige; Materialschalen

Mandalas zum Riechen und Schmecken

In Schälchen werden die verschiedenen Naturprodukte bereitgelegt. Die Erzieherin ermuntert die Kinder, nacheinander an den einzelnen Dingen zu schnuppern. Riechen alle gleich? Welchen Duft mag das Kind besonders? Was sind das für Materialien? Wo wachsen sie?

Anschließend wird das Mandala gelegt, beginnend mit dem Zentrum. Was eignet sich besonders für die Mitte (*Stern aus einer Mandarinenschale*)? Je nachdem, wie vertraut dem jeweiligen Kind das Legen von Mandalas ohne vorgezeichnetes Muster ist, erhält das Kind weitere Hilfestellungen. Gemeinsam mit dem Kind können die ersten Tannenzweige z. B. in Kreuzform gelegt werden. Damit ist bereits eine Grundordnung vorgegeben. Das Kind kann dann leichter selbstständig fortfahren.

Gemütliche Winterdüfte: An Tannengrün und Zitrusschalen schnuppern!

Mandalas zum Tasten, Riechen, Schmecken

Duft-Mandala mit Märchenwolle   ab 3 Jahre

Material: Runde Unterlagen mit markiertem Mittelpunkt; duftende Blüten in kleinen Vasen, jeweils der Anzahl der Kleingruppen entsprechend; Korb mit Bäuschen von gereinigter Schafwolle, mit einem Tuch zugedeckt; Korb mit Bäuschen von Märchenwolle

Die Erzieherin lenkt die Aufmerksamkeit der Kinder auf einen abgedeckten Korb mit Schafwolle. Sie reicht einem Kind nach dem anderen diesen Korb. Die Kinder können die Naturwolle unter dem Tuch ertasten, sollen aber den anderen Kindern noch nichts verraten. Erst wenn jedes Kind an der Reihe war, tauschen sich alle darüber aus, was sie gefühlt haben. „Wie hat sich das Material unter dem Tuch angefühlt? Was könnte das sein?"

Wie duftet Schafwolle und wonach riecht bunte Märchenwolle?

Anschließend wird das Tuch entfernt. Noch einmal wandert der Korb herum; jedes Kind nimmt sich einen Bausch Schafwolle heraus. Vorsichtig können die Kinder die Wolle befühlen und daran schnuppern.

Danach holt die Erzieherin den Korb mit farbiger Märchenwolle. Duftet diese ebenfalls? Genauso wie die Schafwolle oder anders? Schließlich wird die Aufmerksamkeit auf die Materialien gelenkt, die die Mitte des Mandalas schmücken sollen *(je nach Jahreszeit z. B. Blüten von Rosen, Hyazinthen, Hortensien oder auch einfach frisches Moos)*. Wiederum können die Kinder deren Duft wahrnehmen.

Als nächstes werden Kleingruppen mit zwei bis drei Kindern gebildet. Jede Gruppe erhält eine leere Unterlage, ein Körbchen mit gleich viel Schaf- und Märchenwolle sowie eine duftende Blüte. Die Blüte wird als erstes ins Bild gesetzt: Sie bildet den Mittelpunkt des Duftmandalas. Dann gestalten die Kinder mit der Schaf- und der Märchenwolle jeweils ein Mandala.

Hinweis: Kindern ab fünf Jahren, die im freien Gestalten von Mandalas geübt sind, kann man Schaf- und Märchenwolle auch in einem anderen Verhältnis zueinander geben, z. B. doppelt so viel Schafwolle wie Märchenwolle.

Obst-Mandala   ab 3 Jahre

Material: (Papp-)Teller (anfangs evtl. zur Orientierung mit einigen aufgezeichneten Markierungen); Obst je nach Jahreszeit: Erdbeeren, Himbeeren, Blaubeeren, Äpfel, kleine kernlose Weintrauben, Rosinen oder Mandarinen, Äpfel, Rosinen, Sonnenblumenkerne oder Walnüsse (je nach Alter der Kinder)

Schon das Waschen und Schneiden der Lebensmittel kann man gemeinsam mit den Kindern durchführen. Alternativ erhalten die Kinder in Zweier- oder Dreier-

Mandalas zum Tasten, Riechen, Schmecken

gruppen fertig vorbereitete Schälchen mit dem Obst der Jahreszeit. Auf einem Teller kann jede Gruppe nun ihr Obstmandala legen. So schmeckt das Obst beim gemeinsamen Frühstück gewiss besonders gut!

Rohkost-Mandala   **ab 3 Jahre**

> **Material:** (Papp-)Teller (anfangs evtl. mit einigen aufgezeichneten Markierungen); Gemüse je nach Jahreszeit: Cocktailtomaten, Gurken, Paprika, Kohlrabi, Möhren (bereits gestiftelt)

Wie beim Obst-Mandala kann man auch aus Gemüsestückchen herzhafte und leckere Rohlost-Mandalas legen. Das Vorgehen ist entsprechend. Guten Appetit!

Mandalas zum Riechen und Schmecken 67

So schmecken Obst- und Rohkoststückchen gleich doppelt gut, denn das Auge isst mit!

Geschichten- Mandalas

Sternennacht im Herbst / Winter

Geschichten-Mandalas, also Mandala-Spiele, bei denen die Kinder ein Mandala mit vorbereiteten Materialien parallel zum Erzählen legen, eignen sich schon für sehr kleine Kinder, wenn man kurze Geschichten auswählt und die Auswahl an Materialien begrenzt. Diese Mandala-Spiele fördern insbesondere aufmerksames Zuhören und Konzentration. Über die kreative Legearbeit um eine Mitte nehmen die Kinder den Inhalt der Geschichte vertieft auf und kommen zur Ruhe.

Sternennacht im Herbst / Winter — ab 2 Jahre

Material: dunkelblauer Pannesamt-Stoff, zum Kreis gelegt; ein großer Strohstern; kleine Holzsterne; 2 bis 3 Schälchen mit kleinen Strohsternen, jeweils so viele, wie Kinder teilnehmen

Hinführung
Die Gruppe sitzt um das blaue Tuch herum. Um die Aufmerksamkeit der Kinder für die bevorstehende Geschichte zu wecken, lässt die Erzählerin die Kinder mit ihren Händen über das vor ihnen liegende Tuch streichen.

Die Geschichte
Habt ihr es auch gemerkt? Jetzt im Herbst (im Winter) wird es früh dunkel. Da müssen wir häufig das Licht anmachen, um gut sehen zu können. Und wenn ihr abends schlafen geht, ist der Himmel ganz dunkel, so wie unser Tuch hier. Ohne Laternen kann man draußen fast nichts mehr sehen. Ganz so, wie wenn wir uns die Augen zuhalten. *(Hand vor die eigenen Augen halten)*
Wenn ihr dann mit Mama oder Papa ans Fenster geht, könnt ihr vielleicht hoch oben am Himmel Sterne sehen. Die Sterne sind so weit weg, dass wir sie nur ganz klein erkennen können.

Geschichten-Mandalas

Wie weich sich doch das samtige Tuch anfühlt!

Wir haben hier auch Sterne, einen großen in der Mitte und noch ein paar kleine darum herum. Am Himmel sind aber noch viel mehr Sterne. Deswegen gebe ich euch jetzt auch ein paar Sterne, die können wir auf unser dunkles ‚Himmels-Tuch' legen.

Die Erzählerin nimmt das erste Schälchen und gibt jedem Kind einen Stern. Diese werden abgelegt. Das Verteilen und Legen der Sterne kann – je nach Aufmerksamkeit der Kinder – in mehreren Runden wiederholt werden. Dafür stehen die weiteren Schälchen mit Sternen bereit.

Unser Tuch mit den vielen Sternen sieht nun richtig schön aus. Es erinnert uns an einen Winterhimmel, an dem viele Sterne funkeln, über die wir uns freuen können.

Zum Abschluss kann noch ein Lied gesungen werden, z. B.: „Du hast uns deine Welt geschenkt, den Himmel, die Sterne".

Ein Tag voller Sonnenschein

71

Stern um Stern wird der dunkle Nachthimmel immer heller.

Ein Tag voller Sonnenschein   **in altersgemischten Gruppen ab 3 Jahre**

Material: gelbe runde Filzunterlage; pro Kind eine unifarbene Unterlage, z. B. Serviette, und ein schmales gelbes Satinband sowie ein Band in einer warmen Farbe (orange, pink, rot oder lila), eine goldene Perlenkette; ein kleiner Becher mit bunten Glitzerperlen

Zu beachten: Es empfiehlt sich, den Kindern das kleine Behältnis mit Perlen erst zu geben, wenn diese gelegt werden sollen. Sonst besteht die Gefahr, dass die Perlen vorher verschüttet werden.

Geschichten-Mandalas

Hinführung

Die Gruppe sitzt um die gelbe Filzunterlage herum, jedes Kind hat eine Serviette mit einigen Materialien neben sich. Zum Thema Sonne soll nun eine Geschichte erzählt und dazu ein schönes Bodenbild gelegt werden.
Die Kinder werden gefragt, woran sie der gelbe Kreis in der Mitte erinnert *(Sonne)*.
Die pädagogische Fachkraft erzählt, dass die Sonne immer für die Menschen auf der Welt scheint. Selbst, wenn nur Wolken am Himmel zu sehen sind, scheint sie dennoch und lässt auf der Erde Pflanzen, Tiere und Menschen wachsen und leben. Und wenn es bei uns Nacht und dunkel ist, so schickt die Sonne ihre warmen Strahlen zu Menschen, die ganz weit weg in anderen Ländern der Erde leben.

Die Geschichte

Im Sommer ist es draußen schon hell, wenn wir aufstehen. Die Sonne scheint für uns schön und warm. Wenn sich keine Wolken davorschieben, dann fallen ihre Strahlen auf die Erde. Das können wir zeigen, indem wir unsere gelben Bänder von unserer Sonnenscheibe in alle Richtungen legen *(gelbe Satinbänder werden angelegt)*. Das sieht richtig schön aus!

Wenn die Kinder in den Kindergarten gehen, dort frühstücken und spielen, klettert die Sonne für uns am Himmel immer höher. Mittags scheint sie ganz besonders kräftig und wärmt

Ein Tag voller Sonnenschein

Eine große Sonne ist entstanden, die alles hell macht und uns wärmt.

alles ringsherum. Ihre Strahlen werden immer leuchtender und fangen sogar an zu glitzern, ganz ähnlich wie die goldenen Ketten, die vor euch liegen *(goldene Ketten werden im Bodenbild angelegt)*. Wie schön die Strahlen der Sonne sind! Nach dem Mittagessen spielen die Kinder wieder. Wenn sie dann später abgeholt werden, steht die Sonne schon etwas tiefer am Himmel. Im Frühling, Sommer und Herbst könnt ihr zu Hause, bevor ihr schlafen geht, die Sonne noch einmal am Himmel suchen. Manchmal sieht es so aus, dass der Himmel plötzlich bunte Farben bekommt – orange, rot oder lila. Dann sieht der Himmel ganz wunderbar aus. Diese bunten Farben wollen wir unserer Sonne nun auch geben. Wir legen unsere bunten Bänder zu den anderen dazu *(bunte Satinbänder werden angelegt)*. Wir schauen uns unser schönes Sonnenbild noch einmal an.
Weil wir so froh sind, dass die Sonne alles so schön, warm und hell macht, können wir unser Sonnenbild nun mit den kleinen bunten Glitzerperlen schmücken *(Glasperlen werden an das Ende der Strahlen gelegt)*. Zum Abschluss singen wir ein Sonnenlied.

GESCHICHTEN-MANDALAS

Sankt Martin   in altersgemischten Gruppen ab 3 Jahre

Material: großes braunes Tuch; kleines rotes Tuch für die Mitte des Bodenbildes; 2 (Kegel-)Figuren für Martin und den Bettler (beide anfangs unter einem weiteren Tuch versteckt), die Martinsfigur mit zweigeteiltem, roten Filzumhang (mit doppelseitigen Klebeband an der Figur befestigt), Bettler ohne Umhang, jedoch mit einem kleinen Stück doppelseitigen Klebeband am Hals; Miniatur-Schwert (evtl. aus Pappe geschnitten); dazu weitere Materialien entsprechend der Kinderzahl: unifarbene Unterlagen, z. B. Servietten; Häuser aus Bauklötzen; (Kegel-)Figuren; Minilaternen

Hinführung
Die Kinder sitzen im Kreis um das große braune Tuch herum; jedes Kind hat eine kleine Unterlage mit Legematerial neben sich auf dem Boden.
Die Erzählerin stellt den Bezug zwischen den jahreszeitlich orientierten Aktivitäten in der Gruppe (Laternen-Basteln, Singen von Martinsliedern) und dem Martinsfest her. Sie erzählt, dass sie für den heiligen Martin, um den es in dieser Geschichte geht, einen Platz in der Mitte des Mandalas bereitet. Sie legt das kleine rote Tuch, zu einem Kreis geformt, in die Mitte. Während der Geschichte wächst das Bodenbild mit dem, was die Kinder hineinlegen.

Die Geschichte
Die Geschichte, die ich euch erzählen möchte, spielt in einer Stadt – es könnte unsere Stadt sein. Viele Häuser stehen da. Uns so setzen wir als erstes unsere Häuser an den Rand unseres großen Tuches *(Die Kinder setzen die Häuser auf das Tuch)*.
Die Menschen in den Häusern unterhalten sich. Sie sprechen von dem Fest, das gefeiert wird – von St. Martin. Sie kommen dafür aus ihren Häusern heraus – so wie wir es letzte Woche *(der aktuellen Situation anpassen)* auch gemacht haben.

Sankt Martin 75

(Kegelfigur wird vor die Häuser, in Richtung zur Kreismitte, gestellt.) Und da es schon dunkel ist, nehmen die Menschen etwas mit, was wohl? *(Antworten sammeln)* Richtig, ihre Laternen. Sie singen dazu Lieder; das wollen wir jetzt auch tun *(bekannte St. Martin-Lieder singen)*. Auch wir nehmen jetzt unsere kleinen Laternen und stellen sie neben unsere Figuren *(im Bodenbild entsprechend umsetzen).*

In den Liedern hören wir von einem Mann, der den Menschen immer wieder sehr geholfen hat – vom heiligen Martin. Der heilige Martin hat vor langer Zeit gelebt. Von ihm will ich euch erzählen.

An einem Tag, an dem es so kalt war wie bei uns heute oder sogar noch viel kälter, hatte sich Martin in seinen guten, warmen Mantel gewickelt. Schaut, hier habe ich den Martin mit seinem großen, warmen Mantel. *(Figur wird hervorgeholt und den Kindern gezeigt.)* Da begegnete Martin einem armen Bettler. *(Zwei-*

Martin teilt seinen Mantel für den frierenden Bettler.

GESCHICHTEN-MANDALAS

Die Menschen in der Stadt konnten sehen, wie Martin geholfen hat.

te Figur wird dazu genommen.) Ihr kennt die Geschichte, nicht wahr? *(Die Kinder erzählen lassen)* Martin teilte mit seinem Schwert seinen Mantel und schenkte eine Hälfte dem frierenden Bettler. Der arme Mann konnte sich in den halben Mantel wickeln und sich wärmen.

Das wollen wir hier nun auch zeigen. Wer mag mir denn beim Teilen von Martins Mantel helfen? – Ich halte hier fest und du ziehst an der anderen Seite des Mantels. *(Der rote Umhang ist eingeschnitten und nur an einer kurzen Stelle am Hals (etwa 1cm) noch verbunden, so dass er leicht auseinandergerissen werden kann.)* Nun ist der Mantel geteilt.

Martin gibt die eine Hälfte dem Bettler. Wer möchte den Teil des Mantels dem Bettler umhängen? Du kannst das Stück fest um den Bettler legen, prima. *(Dem Kind gegebenenfalls helfen, damit der Mantelteil genau auf dem angebrachten Klebestück zu liegen kommt.)* Nun musste der arme Mann nicht mehr frieren.

Wir stellen nun Martin und den Bettler in unsere Mitte. Da Martin ein Soldat war, hatte er ein Schwert; das legen wir noch dazu.

Dass Martin dem Bettler und noch vielen anderen Menschen geholfen hat, war so wunderbar, dass wir bis heute gerne an ihn denken und das Martinsfest feiern. Vielleicht können wir von ihm lernen, wie man miteinander teilen und dabei ganz froh werden kann. Habt ihr dazu Ideen? *(Antworten sammeln)*

Zum Schluss singen wir noch einmal das Lied „St. Martin".

Eichhörnchen auf Futtersuche
in altersgemischten Gruppen ab 3 Jahre

Material: Plüsch-Eichhörnchen; helles Tuch (etwa 90 x 90 cm); großes braunes Tuch, welches als Kreis in die Mitte gelegt wird; für jedes Kind eine unifarbene Unterlage (z. B. Serviette) mit einem gelben Ahornblatt, Zieräpfelchen, einer Walnuss, einem roten Ahornblatt und einem Zierkürbis (alternativ: Eichel oder Kastanie)

Hinführung
Bei dieser **Mandala-Legegeschichte mit ruhigem Ende** sitzt die Gruppe um das große braune Tuch herum, jedes Kind hat eine Serviette mit Naturschätzen neben sich. Die Erzählerin weckt die Aufmerksamkeit der Kinder, indem sie das Eichhörnchen, unter einem Tuch versteckt, in ihren Händen hält. Sie knüpft an den Erfahrungen der Kinder an und erzählt, dass unter dem Tuch etwas sei, das die Kinder schon draußen, evtl. im Garten des Kindergartens (an Gruppensituation anpassen) gesehen hätten. Sie geht von Kind zu Kind, lässt diese unter dem Tuch fühlen und sie raten, worum es sich handeln könnte.

War jedes Kind an der Reihe, wird das Geheimnis gelüftet und die Kinder tauschen sich aus, was sie über Eichhörnchen wissen. Noch ein weiteres Mal geht die Erzählerin im Kreis, damit die Kinder das Stofftier begrüßen können.
Das Eichhörnchen wird in die Mitte des braunen Tuches gesetzt. Die Erzählung und die begleitende Legearbeit können beginnen.

Die Geschichte
Es ist Herbst und draußen ist es kalt geworden. Das Eichhörnchen sammelt Vorräte für den Winter, damit es genug zu fressen hat, wenn es in der Natur nur noch wenig Leckerbissen gibt. Das Eichhörnchen hüpft umher und findet zuerst viele gelbe Laubblätter, die leuchten. Diese findet das Eichhörnchen besonders schön und freut sich darüber *(gelbe Laubblätter werden als innerer Kreis um das Eichhörnchen herumgelegt)*. Dann hüpft es weiter, aber plötzlich bleibt es stehen und staunt: Da sind ja Äpfelchen – ein richtiger Leckerbissen! Das Eichhörnchen freut sich. *(Zieräpfel werden vor die gelben Blätter auf das Tuch gelegt)*.

Die werden ihm im Winter sicher gut schmecken. Unser Tierchen läuft ganz flink weiter. Nach einer Weile hält es wieder inne. Denn es entdeckt etwas, das es ganz besonders mag: Walnüsse. Das Eichhörnchen nimmt seine Lieblingsspeise zwischen die Pfoten und bringt sie in seinen Bau *(Nuss wird vor dem bereits gelegten Material auf dem Bodenbild abgelegt)*. Jetzt geht es ihm richtig gut. Dann macht das Eichhörnchen einen gemütlichen Ausflug über

Eichhörnchen auf Futtersuche

Am Ende hat das Eichhörnchen viele leckere Vorräte für den Winter gesammelt.

eine Wiese. Doch was liegt denn da auf der Wiese? Es sieht fast aus, als würden rote Sterne auf dem Boden liegen; so schön sehen die Blätter aus, die das Eichhörnchen hier findet *(Die roten Ahornblätter werden mit in das Bodenbild gelegt)*. Unser kleines Tier freut sich an der bunten Wiese und ist ganz vergnügt. Anschließend springt es in ein Gemüsebeet, dort wachsen leckere Kürbisse. Ihr könnt es euch wahrscheinlich schon denken; es nimmt sich einen kleinen Kürbis. Unser Eichhörnchen vergräbt ihn in der Erde. Das tut es nämlich mit vielen Vorräten, die es nicht in seinen Bau schleppen will. *(Die Kürbisse werden auf dem Tuch, als äußerer Rand des Bodenbildes abgelegt.)* Das Eichhörnchen hat so viel erlebt, dass es sich freut, sich ein wenig ausruhen zu können. Es hockt sich gemütlich hin und träumt von seinem Ausflug.
Vielleicht träumen auch wir ein wenig vor uns hin und machen dabei für einen Moment unsere Augen zu. Wir denken noch einmal an unser Eichhörnchen und daran, was es erlebt hat. *(Teile der Geschichte können noch einmal mit ruhiger

Stimme benannt werden, Sprechpausen einlegen; dieses Ruhe-Ende wird nur so weit ausgedehnt, wie die Kinder es genießen.)
Wir denken an sein weiches Fell …, an die bunten Blätter, die es gesehen hat …, die roten Äpfelchen …, seine Lieblingsspeise, die Walnüsse … und die leckeren Kürbisse, die es gefunden hat … Unserem Eichhörnchen geht es richtig gut ….
Es atmet tief ein und aus und noch einmal ein und aus. *(Stimme wird wieder klarer.)* Schließlich reckt und streckt sich das Eichhörnchen. Das können wir ebenso tun. Wir recken und strecken uns, um wieder frisch und munter zu sein.
(Anschließend wird tief ein- und ausgeatmet, damit die Kinder wieder munter werden. Eine kleine Erzähl- und Austauschrunde schließt sich an.)

Am Meer   in altersgemischten Gruppen ab 3, sonst ab 4 Jahre

> **Material:** großes blaues (Pannesamt-)Tuch als Kreismitte; gelbe Sonnenscheibe; hellblaues Chiffontuch; Oceandrum, anfangs verdeckt durch ein kleineres Tuch; folgende Materialien entsprechend der teilnehmenden Kinder: unifarbene Unterlage (z. B. Servietten), Sonnenstrahlen aus Papier, kleine Boote, Fische, Muscheln, (Kegel-)Figuren

Hinführung
Bei dieser **Mandala-Legegeschichte mit ruhigem-Ende** sollte sich die Erzählerin vorab mit der Meerestrommel (Oceandrum) vertraut gemacht haben. Die Kunst besteht darin, sie nur in sehr geringem Maße (leicht kippend und drehend) zu bewegen, damit die ruhigen Klänge als wohltuend empfunden werden. Das geht besonders gut, wenn die Meerestrommel beim Spiel auf einem Kissen auf den Oberschenkeln liegt.
Die Gruppe sitzt um das Tuch herum, jedes Kind hat eine Serviette mit einigen Materialien neben sich. Die Erzählerin weckt die Aufmerksamkeit der Kinder und

Am Meer

lässt sie mit den Händen über das Tuch streichen. Sie fragt die Kinder, woran sie die Farbe des Tuches erinnert. Assoziationen werden wertfrei gesammelt.
Die Kinder werden gefragt, wer von ihnen schon am Meer war und wer das große Meer mit seinen Wellen und dem Strand beschreiben mag.
Es erfolgt der Hinweis, dass die Geschichte, die erzählt wird, auch vom Meer handelt und davon, was man dort erleben (sehen, fühlen und hören) kann. Die Kinder werden ermuntert, sich gemütlich hinzusetzen.

Die Geschichte

Im Sommer scheint am Meer die helle, warme Sonne. *(Die Erzählerin legt die Sonnenscheibe in die Mitte des Pannesamt-Stoffs.)* Sie schickt ihre Strahlen weit über Meer und Land, in alle Himmelsrichtungen. *(Jedes Kind nimmt seinen Sonnenstrahl von seiner Unterlage und legt ihn an die Sonnenscheibe.)* Die Sonnenstrahlen verzaubern das Wasser und lassen es glitzern – ganz so, wie auch unser großes Tuch glitzert.

Draußen auf dem Meer sind häufig Segelschiffe unterwegs – rote und gelbe, grüne und blaue. Als Zeichen dafür setzen wir unsere kleinen Schiffe auf unser Tuch. *(Die Schiffchen werden im Kreis um die Sonnenstrahlen herumgestellt.)*

Wenn man am Ufer steht und weit hinaus auf das Meer schaut, kann man viele Wellen sehen, mal kleine und mal ganz große. Ich habe hier ein Tuch,

das so hell ist wie die Schaumkronen der Meereswellen; das können wir um unsere Mitte herumlegen. Wer hilft mir dabei? *(Das Tuch wird gemeinsam auf dem dunklen Stoff drapiert.)*

Im Meer leben auch viele Tiere, wisst ihr welche? *(Antworten sammeln)* Ihr habt etwas an eurem Platz, das wir auch noch dazulegen können. *(Fische werden in einem nächsten Kreis gelegt.)*

Am Meeresufer gibt es noch etwas, das ihr bestimmt schon einmal gesehen habt. Die Wellen spülen es immer wieder an den Strand … *(Antworten sammeln) Richtig:* Muscheln! Viele Kinder und Erwachsene haben Spaß daran, diese Muscheln zu sammeln. Wenn Menschen große Muscheln finden, dann halten sie sich diese zum Lauschen gerne ans Ohr. Wir nehmen einmal die, die ihr an eurem Platz findet. Wir legen unsere Muscheln mit auf das Tuch. So wird unser Meeres-Bild noch schöner! Zum Schluss können wir noch unsere Figur dazustellen. Sie erinnert uns an die vielen Menschen, die gerne am Strand stehen und Muscheln sammeln.

Eine bunte Meereslandschaft entsteht mit Sonne, Meereswellen, Booten und Fischen.

AM MEER

Viele Menschen lieben es, auf das weite Meer hinauszuschauen. Die Wellen kann man nicht nur sehen, sondern auch hören. Habt ihr auch schon mal das Meeresrauschen gehört? *(Eindrücke sammeln)*

Ich habe etwas mitgebracht. *(Die verdeckte Trommel wird dazu geholt, die Aufmerksamkeit der Kinder dadurch nochmals erhöht. Die Erzählerin legt die verdeckte Trommel auf ihre Oberschenkel oder auf ein Kissen, damit die Töne gedämpft sind, und bewegt sie vorsichtig im Kreis drehend.)*

Was meint ihr, was das sein kann? *(Antworten sammeln, erst anschließend wird das Tuch weggenommen)*

Es ist eine ganz besondere Trommel – eine Meerestrommel. Ihre Töne erinnern uns an das Rauschen des Meeres und des Windes. Das wollen wir jetzt einmal ausprobieren; macht ihr mit?

Dazu atmen wir ein paar Mal tief ein und aus, ein und aus. *(Die Erzählerin macht es deutlich hörbar mit.)* Prima macht ihr das! Wenn ihr wollt, schließt ihr dabei die Augen. Vielleicht versucht ihr es einmal, denn mit geschlossenen Augen kann man viel besser hören!

So könnt ihr spüren, dass ihr gut sitzt. Euer Atem ist ganz ruhig, euerm Bauch geht es gut. Unsere Ohren sind ganz wach und können den leisen Klängen der Meerestrommel lauschen. *(Die Meerestrommel wird leicht gedreht und eine Weile gespielt. Anschließend werden Teile der Meeres-Geschichte nochmals mit ruhiger Stimme wiederholt, in den Sprechpausen dazwischen sind die leisen Klänge der Trommel zu hören – solange, wie die Kinder die Ruhe genießen.)*

Wenn wir die Klänge der Meerestrommel hören, denken wir noch einmal an das weite blaue Meer … an die warme Sonne, die sich weit über dem Meer im Wasser spiegeln kann … an ihre wunderbar warmen Strahlen, so wie wir sie auch auf unser Tuch gelegt haben … wir träumen von den vielen Segelbooten, die auf dem Meer schwimmen, so wie die roten, gelben, grünen und blauen Schiffe auf unserem Tuch … Wenn wir die Klänge unserer Meerestrommel hören, denken wir an

die vielen Wellen, die es auf dem Meer gibt und die ans Ufer rollen ... wir erinnern uns an die schönen Muscheln am Meeresstrand, so wie die Muscheln, die wir in unser schönes Mandala-Bild hineingelegt haben ... und zum Schluss denken wir noch an die vielen Kinder, die so gerne am Meer stehen und vor sich hinträumen, so wie wir es nun auch tun ... Und wir genießen noch einmal die Ruhe ... wir bewahren die Ruhe in unserem Bauch ... wir bewahren die Ruhe in uns wie einen Schatz... noch einmal lauschen wir den Klängen ... dann verabschieden wir uns von unseren kleinen gedanklichen Reise und kommen wieder hierher zurück.
(Stimme klarer und lauter werden lassen) Dazu atmen wir wieder tief in unseren Bauch ein, öffnen die Augen und beginnen, uns zu recken und zu strecken ...
(Zeit für die Rücknahme einräumen; die Kinder anschließend erzählen lassen, was ihnen gefallen hat, ob sie die Bilder in ihrem Kopf haben sehen können; evtl. – als Übergang zum lebhafteren Kindergarten-Tag – ein passendes Abschlusslied singen)

Klingende Mandalas

Auch mit klingenden Mandalas lassen sich die Sinne auf vielfältige Weise fördern, neben der Wahrnehmung schult die Arbeit mit Klang-Mandalas insbesondere Feinmotorik, Sprache und Musikalität, darüber hinaus auch Fantasie, Kreativität, Ausdauer und Konzentration. Im gemeinsamen Spiel mit klingenden Dingen selber Töne zu zaubern, macht Freude und hat eine ausgleichende Wirkung.

Mandalas mit Klanginstrumenten

Mit Trommel, Klangtieren, Walnüssen ab 3 Jahre

Material: große runde (Filz-)Unterlage, nach Möglichkeit auf einem runden Kindertisch; Korb mit Orff-Instrumenten, z. B. eine kleine Trommel; Klanghölzer; Klangtiere wie beispielsweise Frösche, Grillen oder gackernde Hühner; Walnüsse

Dieses Mandala eignet sich vor allem für Kinder, denen das freie Legen (ohne vorgezeichnete Muster) bereits vertraut ist und die Freude am kreativen Einsatz von Instrumenten haben.

Die Kinder stehen oder sitzen um einen runden Tisch, der mit einer runden, unifarbenen Unterlage belegt ist. Als erstes wird bestimmt, welches Material das Zentrum des entstehenden Mandalas bildet. So könnte etwa eine kleine Trommel, auf dem Fell liegend, oder eine Schale mit Walnüssen gefüllt in der Mitte liegen. Aus der Schale können sich die Kinder jeweils zwei Walnüsse nehmen. Wie lässt sich wohl mit ihnen Musik machen? Wir greifen die Ideen der Kinder auf. Die Walnüsse haben durch ihre gefurchten und stets unterschiedlichen Oberflächen einen hohen Aufforderungscharakter und laden die Kinder zum Ausprobieren ein. Beim Gegeneinander-Klopfen oder Aneinander-Reiben können kleine

MANDALAS MIT KLANGINSTRUMENTEN

Rhythmen entstehen. Danach werden die Nüsse in die Trommel zurückgelegt. Anschließend können die Kinder die Klanghölzer wie Sonnenstrahlen um die Mitte herum legen.

Wie lässt sich mit den Klanghölzern Musik machen *(mit Klanghölzern auf die mittig stehende Schale trommeln; Klanghölzer aufeinander klopfen, parallel aneinander reiben, oder Enden aneinander tippen ...)?* Nach dieser Experimentierphase werden die Klanghölzer wieder strahlenförmig hingelegt.

Nun können die Klangtiere auf die freien Flächen zwischen die Klanghölzer gesetzt werden, z. B. jeweils zwei Frösche, zwei Grillen und zwei Hühner. Können die Tiere so angeordnet werden, dass daraus ein Muster entsteht? Wieder ist das Ausprobieren der Kinder erwünscht, sowohl, was die Anordnung, als auch, was das Geräusche-Erzeugen mit den Klangtieren betrifft. Schließlich können die Kinder nacheinander die verschiedenen Tierlaute gemeinsam erklingen lassen.

KLINGENDE MANDALAS

Klang-Geschichte „Dort am Teich auf grüner Wiese" ab 3 Jahre

Nach dem Legen eines Klang-Mandalas mit klingenden Materialien können wir eine kleine Klanggeschichte erzählen, wobei Orff-Instrumente und Klangtiere zum Einsatz kommen.
Bei der ersten Strophe hat jedes Kind zwei Walnüsse (wahlweise Klanghölzer) in den Händen und klopft mit diesen den Takt. Bei der zweiten bis vierten Strophe werden jeweils die genannten Klangtiere gespielt. Die letzte Strophe wird von allen Kindern und Tieren begleitet. Die fett gedruckten Silben werden betont.

Dort am Teich auf grüner Wiese
Dort am **Teich** auf **grü**ner **Wie**se,
da **tum**meln sich **Tie**re, **so** wie **die**se:
Die **Frö**sche **hüp**fen **gern** um**her**,
sie **qua**ken **laut**, man **hört** sie **sehr**.
Die **Gril**len **zir**pen **im** Ver**steck**,
kommst du **nä**her, **hüp**fen sie **weg**.
Die **Hüh**ner **gac**kern **fröh**lich **hier**,
sie **freu**en **sich**, so **scheint** es **mir**.
Nun stimmen **sie** gemeinsam **ein**,
so **lus**tig **kann** ein **Tier**-Chor **sein**.

Klang-Geschichte „Eins und zwei und drei und vier" ab 3 Jahre

Für ein Klang-Mandala eignen sich auch weitere Instrumente wie Glöckchen, Rasseln oder Stielkastagnetten, die zwischen den Klanghölzern als Takt gebende Instrumente platziert werden.

Eins und zwei und drei und vier
Eins und **zwei** und **drei** und **vier**,
wir **mac**hen Mu**sik**, ganz **ein**fach **hier**.
Alle **Kin**der **groß** und **klein**,
stimmen **da**bei **fröh**lich **ein**,
klopfen die **Höl**zer **nun** im **Takt**,
dass es **da**bei **nur** so **klackt**.
schütteln die **Ras**seln **jetzt** da**zu**,
das geht **ein**fach, **wie** im **Nu**.
Fünf und **sechs** und **sie**ben und **acht**,
klingen die **Glöck**chen, **ganz** ganz **sacht**.
Neun und **zehn**, jetzt **reicht** es **mir**,
nun ist **Schluss**, ich **dan**ke **dir**.

Sehr gezielt sollte ein Instrument mit leiserem Klang die Geschichte beenden.

Mandalas mit Wassergläsern

Klang-Bilder erforschen   ab 3 Jahre

Material: runder Kindertisch; eine Blüte oder Ähnliches für die Mitte; stabile, unbemalte Gläser oder Schüsselchen, je vier einer Sorte; Klöppel oder Klanghölzer entsprechend der Anzahl der Kinder

Auch bei dieser Form eines Klang-Mandalas sollte den Kindern das Legen eines Kreisbildes bereits vertraut sein. Der Schwierigkeitsgrad muss an das Alter der teilnehmenden Kinder angepasst werden. Eine leichte Variante ist bereits mit

Klingende Mandalas

Kindern ab drei Jahren möglich, in der Regel passen Klang-Mandalas mit Wassergläsern eher für Kinder ab fünf Jahren.

Als erstes wird ein auffälliger Gegenstand, z. B. eine Vase mit einer Blüte, in die Mitte des Tisches gesetzt. Gemeinsam mit den Kindern werden anschließend die Gläser um diese Mitte herum angeordnet. Dabei werden Gläser einer Sorte und einer Größe in einer möglichst klaren Anordnung platziert und bilden ein Muster. Mit der zweiten und dritten Glassorte und Größe wird ebenso verfahren.

Die Kinder erhalten einen Klöppel oder ein Klangholz und testen damit die unterschiedlichen Klänge, die beim Anschlagen an verschiedenen Stellen des Glases zu hören sind. Für diese Erprobungsphase sollten die Kinder ausreichend Zeit und Ruhe haben. In einem weiteren Schritt kann man die Gläser mit unterschiedlichen Mengen Wasser befüllen. Damit können dann vor allem ältere Kinder

Klänge erforschen. *(Damit bei Gläsern einer Sorte annähernd der gleiche Klang entsteht, werden sie gleich hoch be*füllt *und in der gleichen Höhe angeschlagen.)*
➜ Welche Gläser klingen heller, diejenigen mit viel oder mit wenig Wasser?
➜ Welche Töne klingen gleich?
➜ Lassen sich neue Klangmuster erzeugen?

Für Ihre Experimente können die Kinder Wasser hin und her gießen und damit immer neue Klangbilder entstehen lassen.

Farbige Wasserklänge   ab 3 Jahre

Zusätzliches Material: drei Wasserkannen, Lebensmittelfarbe

Das Spiel mit Wasserglas-Mandalas wird noch reizvoller, wenn die Kinder mit farbigem Wasser experimentieren können. Dafür werden drei Kannen mit eingefärbtem (Lebensmittelfarbe) Wasser befüllt und bereitgestellt. Beim Einfüllen des Wassers in die Gläser können die Kinder die unterschiedliche Füllhöhe durch die verschiedenen Wasserfarben gut sichtbar machen. Und: Klang-Mandalas mit farbigem Wasser sind optisch einfach ansprechend!

Dank

Ich möchte einer Reihe von Menschen danken, die in unterschiedlicher Weise zum Entstehen dieses Buches beigetragen haben. Zum einen sind es hunderte von pädagogischen Mitarbeiter(inne)n, mit denen ich seit nunmehr zehn Jahren Mandalas auf Fortbildungen ganzheitlich erleben und be-greifen durfte. Mit ihrer Offenheit neuen Ideen gegenüber, ihrer Motivation und ihrem großen Engagement begeistern sie mich immer wieder neu, auf diesen Mandala-Wegen neue Möglichkeiten zu suchen und zu gestalten. Liebe Kolleg_innen, vielen Dank dafür!

Danken möchte ich auch Frieda, Karlina und ihren Eltern, dass sie mich spontan für eine Reihe von Mandala-Spielen aufgenommen haben. Liebe Frieda und liebe Karlina, das Spielen mit euch war richtig schön!

Ein herzliches Dankeschön richtet sich an die städtische Kindertagesstätte „Auf Überhaaren" in Aachen, an die vielen Kinder, ihre Eltern und alle pädagogischen Mitarbeiter_innen. Den Eltern dieser Einrichtung gilt mein aufrichtiges Danke für die Einwilligung, dass wir ihre Kinder für dieses Buch fotografieren durften. An den schönen Fotos sehen die Leser_innen, wie fröhlich, ausgleichend und inspirierend das Erleben von Mandalas tatsächlich sein kann. Das Spiel mit ihren Kindern hat mir viel Freude bereitet und mich sehr bereichert.

Den Kolleg_innen dieser Einrichtung danke ich ganz besonders dafür, dass sie meinen Mann und mich so herzlich aufgenommen haben, uns Räumlichkeiten zur Verfügung stellten, zeitlich sehr flexibel waren und uns stets das Gefühl vermittelten, dass wir gern gesehen waren. Die Atmosphäre, die für mich in diesem Haus spürbar war, finde ich ganz großartig.

Ein ganz herzliches Dankeschön gilt meinem lieben Mann Heiner Schaal – nicht nur dafür, dass er alle Texte geduldig gelesen hat. Er hat vor allem die Kinder bei ihren Mandala-Spielen in sehr einfühlsamer Weise fotografiert, so dass sie in ihrem Spiel völlig ungestört versinken konnten. Das sieht man den Fotos an. Sie erst machen das Buch zu dem, was es jetzt ist.

Autorin

Monika Bücken-Schaal, Dipl.-Sozialpädagogin, Ausbildung in klientenzentrierter Gesprächsführung, Seminarleiterin für Autogenes Training. Die Autorin gibt Fortbildungen für pädagogische Mitarbeiterinnen und Lehrkräfte, Eltern-Kind-Kurse und Elternseminare rund um die Themen Bewegung & Entspannung, bewegte Sprachförderung und zu religionspädagogischen Fragestellungen.
m.buecken-Schaal@t-online.de
www.buecken-schaal.de

Weitere bei Don Bosco erschienene Titel

Wer seine Gefühle kennt, wird von Wut oder Trauer nicht dauerhaft verunsichert. Er geht zuversichtlicher durchs Leben und ist empathischer mit anderen Menschen. Diese Gefühlskarten zeigen Szenen aus dem Kinderalltag. Die Kinder benennen die dargestellten Gefühle und probieren Lösungen für den Umgang mit schwierigen Gefühlen aus. Im Begleitheft: vielfältige Umsetzungsideen.

30 Karten, farbige Illustrationen, inkl. 24-seitigem Begleitheft, in farbiger Pappbox
EAN 426017951 130 1

Abschiede gehören zum Kinderleben dazu: vom Ausscheiden aus der Kindergruppe über die Trennung der Eltern bis zum Tod der Großeltern. Die 30 Rituale trösten und helfen, die traurigen Gefühle zu ordnen und den Verlust anzunehmen. Magische Mutmach-Rituale wie das „Gute-Wünsche-Säckchen" – Aktionen wie das „Trauerschiffchen" – Stille-Inseln wie die „Lebenskerze" und – bewegte Aktionen wie der „Brülleimer". Inkl. Begleitheft.

30 Karten, farbige Illustrationen, inkl. 24-seitigem Begleitheft, in farbiger Pappbox
EAN 426017951 192 9

Beten tröstet. Das Schwierige und Ungelöste in Worte zu fassen und die eigene Traurigkeit vor Gott zu tragen, unterstützt Kinder bei der Bewältigung von Kummer, Abschied und Verlust. Die „KinderTrostGebete" sind in 5 Erfahrungsbereiche gegliedert: Einsamkeit, Ausgrenzung und Enttäuschung – Abschied und Neubeginn – Streit und Konflikte – Ängste und Verlassensein – Tod.

34 Karten, farbige Illustrationen, in farbiger Pappbox
EAN 426017951 191 2

www.donbosco-medien.de

von Monika Bücken-Schaal

Wenn die Kindergruppe zum kribbeligen Ameisenhaufen wird, ist an ein „Weiter-wie-geplant" nicht zu denken. Diese Bewegungsspiele, Fantasiereisen, Streichelgeschichten und Spiele mit magischen Gegenständen helfen Kindern, zur Aufmerksamkeit zurückzufinden. Mit diesen „50 besten Spielen" wird aus einem „wuseligen Haufen" eine konzentrierte Gruppe!

76 Seiten, kartoniert
ISBN 978-3-7698-1966-3

Kinder können Stille als etwas ganz Selbstverständliches erfahren, wenn sie konzentrierte Ruhe und Meditation regelmäßig einüben dürfen. Zu den Themen „Wasser", „Hände", „Steine", „Sonne", „Versöhnung", „Stille" und „Abschied" bietet das Buch kindgerechte Übungen an, die dem Aufbau folgen: Bewegte Spiele – Erzählen, Gestalten, Meditieren – Lied, Gebet – weiterführende Spiele. Mit Vorlagen für Symbol- und Gebetskarten.

120 Seiten, kartoniert, farbige Illustrationen, inkl. Kopiervorlagen und Downloadcode für Zusatzmaterial
ISBN 978-3-7698-1971-7

LEBENDIG. KREATIV. PRAXISNAH.